山东省自然科学基金面上项目"规模经营、服务嵌入与农业绿色生产转型研究：基于横向分工－纵向协同视角"（项目编号：ZR2024MG036)

国家社科基金一般项目"农业社会化服务驱动种粮农户生产绿色转型的机理、效应与路径优化"（项目编号：23BJY178)

"三权分置"制度背景下
农户土地规模经营行为
及绩效研究

耿 宁◎著

中国财经出版传媒集团

经济科学出版社
Economic Science Press

·北 京·

图书在版编目（CIP）数据

"三权分置"制度背景下农户土地规模经营行为及绩
效研究 / 耿宁著 . -- 北京：经济科学出版社，2025.
5. -- ISBN 978 - 7 - 5218 - 6748 - 0

Ⅰ. F321.1

中国国家版本馆 CIP 数据核字第 202554QE89 号

责任编辑：周国强
责任校对：齐　杰
责任印制：张佳裕

"三权分置"制度背景下农户土地规模经营行为及绩效研究

"SANQUAN FENZHI" ZHIDU BEIJING XIA NONGHU TUDI
GUIMO JINGYING XINGWEI JI JIXIAO YANJIU

耿　宁　著

经济科学出版社出版、发行　新华书店经销
社址：北京市海淀区阜成路甲 28 号　邮编：100142
总编部电话：010 - 88191217　发行部电话：010 - 88191522
网址：www. esp. com. cn
电子邮箱：esp@ esp. com. cn
天猫网店：经济科学出版社旗舰店
网址：http://jjkxcbs. tmall. com
北京季蜂印刷有限公司印装
710×1000　16 开　14.25 印张　210000 字
2025 年 5 月第 1 版　2025 年 5 月第 1 次印刷
ISBN 978 - 7 - 5218 - 6748 - 0　定价：86.00 元
（图书出现印装问题，本社负责调换。电话：010 - 88191545）
（版权所有　侵权必究　打击盗版　举报热线：010 - 88191661
QQ：2242791300　营销中心电话：010 - 88191537
电子邮箱：dbts@ esp. com. cn）

前　　言

　　新中国成立至今70多年的农村变革历程，从土地改革到合作化运动和农业集体化，再到家庭承包经营制度，都深刻表达了农村基本经营制度对中国经济社会特别是对农村、农业与农民的根本性影响。农地制度作为农村基本经营制度的内核，一直是农村改革与发展的主线。改革开放以来，中国农业取得了显著的成绩，这得益于中国农村土地改革释放的巨大制度红利。土地是农业生产力的主要载体，而土地制度作为农村经济的基础性制度，其核心是农村土地产权问题，关系到农村经济的发展、农民利益的实现及农村社会的稳定。因此，如何调整产权结构，最大限度地协调农村土地"公平"与"效率"的统一，实现农村土地产权的制度化配置已成为农村经济社会发展关注的重点问题，也是国家相关政策制定与改革的基本方向。

新制度经济学一改西方经济学的传统，将制度引入经济分析中，认为制度内生于经济发展过程。研究农地产权制度变迁的内在逻辑，对指导中国农村经济发展至关重要。新中国成立之初农地制度变迁呈现出以中央政府为主导，由强制性向诱致性过渡的特点，而制度变迁的实质从长期来看是对制度内含的产权安排所做的调整。因此，中国农地制度变迁实际上也是一个农地产权变迁的过程。梳理相关文献发现，中国农地产权经历了由"产权合一"到"产权分离"的历史演变。

具体来说，中国农地产权制度历经"两权合一"到"两权分离"再到"三权分置"的变迁。人民公社时期的"两权合一"制度，实现了农村土地从农民所有制向集体所有制转变。集体所有制迎合了国家优先发展重工业的战略导向，集体化体制将大量农业剩余转化为工业积累，为工业发展提供了资金支持。家庭承包制是在保持所有权不变的前提下，经营主体由"集体"转变为"承包户"，表现出"家庭经营"的特点。家庭联产承包责任制实现了"集体所有权"和"承包经营权"的分离，其本质是按人口均分土地、以家庭为单位分散经营，实现了社会的公平。事实证明，"两权分离"的土地产权制度的变革，极大地调动了劳动者的生产积极性，促进了农村生产力的快速发展，实现了粮食产量稳定持续增长。随着工业化、城镇化发展进程的加快，城乡社会和经济结构也随之发生巨大变化。然而，家庭联产承包责任制的局限性逐渐显露。于是，为了解决农村土地"谁来种，如何种"以及优化配置土地资源等问题，需要通过调整农村土地产权结构，将土地承包经营权进一步细分为承包权与经营权，实现农村土地使用权的有效流动。值得注意的是，"三权分置"中承包权和经营权的分离，并不意味着对土地所有权的弱化，而是一如既往地坚持农村集体的发包权，对承包户退回土地的收回等权利，进一步放活经营权。因此，"三权分置"成为农村土地产权制度改革的创新点，旨在通过引导农村土地经营权规范有序流转，允许土地经营权抵押贷款，进而发展规模经营。

　　基于上述研究背景，鉴于中国农业国情，本书致力于对以下问题的回答。从理论逻辑的层面来说，农地从"两权分离"到"三权分置"存在一定的制度演化逻辑，那么具体的农地制度变迁逻辑线索是什么？从农业生产实践的层面来说，农户土地规模经营行为的影响因素有哪些？农地规模经营对于农业生产效率、耕地资源利用和农民增收产生的影响与预期制度绩效是否一致？农地经营规模的"适度性"如何验证？本书将围绕以上问题进行深入讨论。

　　依托于2017年立项的教育部人文社会科学青年基金项目"'三权分置'视角下农村土地资本化研究：运行机理、创新路径与政策优化"，作者以及研究团队成员，多次围绕农户土地流转意愿及行为、"三权分置"制度认知等赴山东各地农村展开"一对一"农户调查研究以及深入访谈。获得一千多份农户调研问卷，并在2018年实地调研的基础上，于2019年、2021年进行了农户动态追踪调查，形成了有一定积累的数据库，为后续研究提供了坚实的一手调研数据。整个研究周期历时四年，形成了丰富的研究成果，这也是本书的前五章的研究内容。在此研究积累之上，伴随着笔者对中国农村、农业、农民的独有情结以及实际调研过程中引发的学术思考，笔者于2023年立项国家社会科学基金一般项目"农业社会化服务驱动种粮农户生产绿色转型的机理、效应与路径优化"，于2024年立项山东省自然科学基金面上项目"规模经营、服务嵌入与农业生产绿色转型研究：基于横向分工－纵向协同的视角"，基于上述基金的资助，本书继续在"三权分置"制度背景下，对农户土地规模经营行为所产生的绩效展开拓展研究，即对农户土地规模经营的收入效应、效率效应以及适度规模经济效应进行实证验证。综合以上研究结论，提出相关政策建议，从而完善了本书的整体性、系统性研究。

　　学无止境，行者常新。社会科学研究是一场没有终点的马拉松，每一步的前进都只是新的起点。"梦虽遥，追则能达；愿虽艰，持则可圆。中国式现代化的新征程上，每一个人都是主角，每一份付出都弥足珍贵，每一束光芒都熠熠生辉。"站在新的起点上，唯有不断前行与探索，方能为社会的发展贡献自己的力量。

耿 宁

2025 年 2 月

目　　录

第 1 章

导　　论

1.1　研究背景和研究意义

1.1.1　研究背景

1. 适度规模经营是现代农业发展转型的重要路径

农村土地是农业生产力的主要载体，关系到农村经济的发展、农民利益的实现及农村社会的稳定。而我国土地制度及其产权关系长期以来影响着我国农业的进一步改革和发展。始于 20 世纪 80 年代的"家庭联产承包责任制"，是我国农村土地制度最大的变革。随着生产力的发展和经济体制改革的不断进行，家庭联产承包责任制的局限性逐渐显露。一方面，农村土地无法像其他商品一样在市场上自由流转，出现供需不平衡、定价不科学、操作不规范等问题（温铁军，2013），难以适应市场经济和社会化大生产（姚洋，2010；张红宇，2015）。另一方面，以家庭为单位的土地分配和经营，严重抑制了农业集中化、规模化生产，加之转向二、三产业的农村劳动力大量抛荒土地，从而造成土地和劳动力资源的双重浪费。第三次农业普查数据显示，我国现在的农户有 2.3 亿户，户均经营规模 7.8 亩，经营耕地 10 亩以下的农户有 2.1 亿户①，从现阶段来看，以小农户为主的家庭经营是我国农业经营的主要形式，也是我国农业发展必须长期面对的现实。

农业经济效益的低下，使其发展落后于二、三产业，城乡比较收益差距不断扩大，农民增收、农业提效在土地经营规模上受到了严重制约（郭晓鸣，2011；杜志雄，2016）。因此，农业实行规模化经营，是现代农业发展转型时期的重中之重。为解决家庭分散经营造成的农业生产效率低下的问题，1984 年中共中央《关于 1984 年农村工作的通知》、1995 年农业部《关于稳定和完善土地承包关系的意见》、2001 年中共中央《关于做好农户承包地使用权流转工作的通知》、2003 年开始施行的《中华人民共和国农村土地承包法》，以及 2014 年中共中央办公厅、国务院办公厅印发的《关于引导农村土地经营权有序流转发展农业适度规模经营的意见》、2013～2022 年中央一号文件均在不同程度上鼓励农户流转土地。2023 年中共中央、国务院《关于做好 2023 年全面推进乡村振兴重点工作的意见》再次强调要突出抓好家庭农场和农民合作社两类经营主体，鼓励发展多种形式适度规模经营。2022 年党的二十大报告提出全方位夯实粮食安全根基，落实到粮食生产上就是要培育新型农业生产主体，充分调动农户的生产积极性。因而我国建设现代农业的前

---

① 国家统计局，http：//www.stats.gov.cn/tjsj/tjgb/nypcgb/qgnypcgb/201712/t20171214_1562740.html。

进方向和必由之路是发展多种形式适度规模经营，培育新型农业经营主体。

据农业农村部统计，2021 年全国家庭承包耕地流转面积超过 5.55 亿亩，2021 年全国农户家庭共有 49367.65 万亩承包耕地以出租（转包）形式进行流转，流向农户的耕地约为 2.69 亿亩。① 因此，鼓励农地流转以促进规模经营的发展既是农户的现实需要，也是实现我国农业农村现代化的重要现实基础。

2. 适度规模经营旨在提高农业绩效

从传统农业转向现代农业的发展道路，需要在发展规模经营的基础上，逐步实现农业生产的机械化、集约化，提高农业劳动力的生产力水平。发展现代农业离不开生产力的现代化，而生产力提升的核心表现之一是较高的农业生产效率。然而，我国目前仍以分散的小农生产为主，农地经营规模较小，在这样零碎分散的农地经营面积上提高生产力的渠道和空间都是非常有限的，因此适度的集中经营是提高农业生产力和农业生产现代化的基础和必要前提。

我国农业向现代农业转型需要具备两个条件：调整农村资本－劳动力的关系和实现农村土地的规模经营。当前我国城镇化进程加快，大量农村剩余劳动力向非农部门转移，为实现农业现代化创造了基础条件，但只有实现农地的规模经营，才具备大范围推广科学技术和实现机械化的可能性。随着我国农村劳动力大量从事非农产业，弃耕撂荒现象普遍存在，导致本就稀缺的土地资源极大浪费，在此现实背景下国家大力支持家庭农场、专业合作社或农业企业等新型经营主体的发展。而农村自然环境、地理区位、经济区位等资源禀赋的差异使得农业主体生产经营的敏感度不同，从而可能导致他们不同的农地经营规模响应行为。因此，研究经营规模与农业生产效率之间的关系十分具有现实意义。

---

① 农业农村部，http://zdscxx.moa.gov.cn:8080/nyb/pc/index.jsp。

3. "三权分置"制度为推进农村土地经营权流转提供制度保障

土地制度是农村经济的基础性制度，其核心是农村土地产权问题，关系到农村经济的发展、农民利益的实现及农村社会的稳定。如何调整产权结构，最大限度地协调农村土地"公平"与"效率"的统一，实现农村土地产权的制度化配置已成为农村经济社会发展关注的重点问题，也是国家相关政策制定与改革的基本方向。在中国，农民对土地历来有很强的依赖性，这种人地关系决定了土地对农民兼具生产资料和福利保障功能。然而，随着城镇化进程的不断向前推进，农村土地的规模化经营和农村劳动力的非农就业及转移，已成为该背景下的必然发展趋势。据统计，各类外出务工与兼业的农村劳动力已经高达 48.62%（罗必良，2013）。但实际情况是农民"离农"，但未"离地"；农地"弃耕"，但未流转。这种"人动地不动"的状况是农业劳动力与土地资源要素流动不匹配的结果。因此，如何解决"人动"且"地动"的资源要素匹配问题，尤其是如何释放农村土地所承担的福利保障功能所形成的流转约束，是值得格外关注的课题。

2013 年中共十八届三中全会提出的赋予农民更多财产权利，推进的农村土地承包经营权确权登记颁证工作，赋权、强权和稳权已成为中国农村土地制度改革的基本核心内容，同年中央一号文件提出"鼓励和引导工商资本到农村发展企业化经营的种养业，推动农村土地资本化运作"，旨在增加农民的财产性收入。2014 年中央一号文件首次将农村土地所有权、承包权、经营权"三权分置"提上农村土地制度和产权法治建设层面，指出要在坚持农村基本经营制度的基础上，落实集体所有权、稳定农户承包权、放活土地经营权。然而盘活经营权不仅仅是一个流转的概念，关键是经营权的产权细分并诱导农业的纵向分工（罗必良，2015）。"三权分置"成为农村土地制度改革创新的核心切入点，而农村土地经营权流转已成为农民增收、农业增效的重要途径，是农村经济发展的驱动力。我国农村土地的所有权归集体所有，农民只有使用权或承包经营权，因此，农村土地经营权流转其实质是农村土地使用权的资本化或地租的资本化，更加强调土地的财产性功能。可以说，"三权分置"背景下农村土地经营权流转是盘活农村土地资产、实现农业集约化生产、提高农业生产效率以及增加农民财产性收入的有效路径，同时也是解决"三农"融资困难的一个重要途径。

　　根据国际经验，农业的适度规模化经营有利于提高农业生产效率，进而增加农业绩效。鉴于中国农业国情，通过农村土地经营权流转实现农业规模经营是促进农业现代化发展的重要途径之一。现实中，我国农村土地的所有权归集体所有，农民只有使用权或承包经营权，"三权分置"制度通过产权分层细分，将承包权和经营权分离，旨在进一步放活经营权，从而引导经营权规范有序流转，增加农户的财产性收入。从理论逻辑的层面来说，农地从"两权分离"到"三权分置"存在一定的制度演化逻辑；从农业生产实践的层面来说，农户土地规模经营行为的影响因素有哪些？农地规模经营对于农业生产效率、耕地资源利用和农民增收产生的影响与预期制度绩效是否一致？农地经营规模的"适度性"如何验证？本书将围绕以上问题进行深入讨论。

1.1.2　研究意义

1. 理论意义

　　本书基于农村土地"三权分置"制度视角，对农户土地规模经营这一主题进行研究，试图遵循"产权细分—规模经营—农业绩效"的分析线索，从理论和实证两个维度验证产权细分和规模经营对农业绩效的影响机理与效应。一方面，通过放活土地经营权，对农村土地产权制度做出新的探索，中国农村土地"三权分置"制度改革是对产权权利束的分层剥离与运作，细化了产权的内涵，有利于丰富现有的产权制度。另一方面，"三权分置"制度背景下的农户土地规模经营研究有助于制度变迁理论的丰富和发展。农村土地经营权流转下的规模经营是制度层面的一种创新，从原有的计划体制转向无序的、自发的弱市场土地流转，再由市场经济主导和国家政策鼓励推动向高效有序的资本化市场进化。因此，本书的研究有助于丰富和完善土地经济研究的理论体系。

2. 现实意义

本书的现实意义首先在于，探究产权细分、农地经营规模与农业绩效的关系对推进我国农业高质量发展具有十分重要的指导作用，其结论直接关系到维持小农户经营还是推进大规模经营的农业发展战略。我国目前的农业生产规模小，农业用地分散，阻碍了农业机械化的推进，也限制了我国现代农业的转型。由于我国人多地少的现实国情，城乡比较收入差距等原因，大量农村劳动力外出务工，农村中出现了大量闲置的土地资源。同时，我国农业现代化客观要求农业实现规模经营，提高农业绩效。"三权分置"制度改革有利于农村土地集中规模经营，但是能否提高农业绩效还需要进一步进行实证检验。立足于这一客观现实，本书将利用微观数据，对上述问题进行解答，在丰富当前中国农地经营规模与农业绩效关系研究领域的实证分析内容的基础上，以期为国家政府提供理论实证支撑，为我国农业规模经营的逐步推进提出一些可供参考的建议。

1.2　国内外研究现状

1.2.1　关于农户与农户经营行为的相关研究

1. 农户的界定及分类

作为农业生产的微观主体，农户经营行为取向是对自身因素与外界环境变化的理性反应。由于主观能力认识和外部经济条件的限制，农户所做出的选择方案是有限理性的（林毅夫，1988），农户存在着异质性的特征。已有的研究从农户的生产偏好异质性（尚杰等，2021）、农户经营规模的差异（叶孙红等，2019）、农户经营面积的差异性、农户自身能力的先天差异以及农户所经营地块的差异性等方面区分农户生产经营行为的异质性（杨宗耀等，2020），有学者将异质性农户分为新型农业经营主体与传统小农两类主体（林乐芬等，2015；叶明华等，2018）；李宪宝（2017）将异质性农户界定为小规模兼业农户、家庭农场（专业大户）及专业合作组织三类经营主体。也有学者从家庭农业收入占总收入的比重作为分类依据，将农户划分为纯农户、Ⅰ兼农户、Ⅱ兼农户和非农户（邹伟等，2017；苏群等，2016），这种分类方式更关注小农户的收入状态，却未考虑小农户农业资源配置情况。

从表面上看，农户之间的差异是劳动内容上的差异，实际上，表现为资源、地位、能力、认知等多个方面的异质性（Bhattacharyya，2001）。已有的分类标准大致可分为四类：一是从农户实际的经营规模将农户划分为小规模农户、中规模农户和大规模农户（刘莎、刘明，2021）；二是按照组织形式的不同将农户划分成散户和组织化农户（罗明忠、刘恺，2016）；三是按照农业生产经营的目的与动机将农户划分成生活型农户、生产型农户（杨高第、张露，2022）；四是按照职业性质为标准将农户分为三类：兼业型农户、农场型农户、服务型农户（芦千文、文洪星，2018）。考虑到农地流转背景下农户流转行为的差异会影响对经营面积、经营规模以及经营地块的属性的选择，因此本书将异质性农户定义为普通小农户和规模经营户（家庭农场、专业大户或专业合作社等）即新型农业经营主体。

2. 关于农户生产经营行为的研究

从农户适应农业现代化进程的视角大致可从以下四个维度分析农户生产经营行为的变化：一是从生产规模来说，由分散的小规模经营转向适度集中的规模经营（郭庆海，2014；何秀荣，2016）；二是从生产方式来说，由过度依赖劳动投入转向资本密集型、技术密集型的生产方式（朱满德等，2021）；三是从生产导向来说，由"自给自足""半自给自足"的非商品化生产转向专业化、商品化生产（陈鹏程等，2019）；四是从生产目标来说，由满足生存需要转向兼业化的生产目标（康云海，1998）。

作为农业生产的直接参与者，农户的生产行为直接影响着我国农产品市场的供给，特别是在大力实施粮食安全战略的现实背景下，农户的生产经营状况将影响着我国经济市场的安全稳定。故而从微观农户角度研究农户的生产行为选择具有极强的现实意义。从农户参与农业现代化、产业化的行为选择来看，不同土地经营规模的农户生产经营行为也有明显的差异。目前关于农地经营规模及禀赋差异下农户生产决策行为的研究可以分为生产经营行为和绿色生态生产行为两个方面。前者主要是从小规模农户和规模经营大户的生产用工行为、生产投资行为、技术采纳行为（张忠明、钱文荣，2008）及农户经济行为中生产与消费的双重性、兼业化的生产目标以及生产经营行为不可分（康云海，1998）等方面探究异质性农户生产行为的差异。后者考虑到农业生产环境的可持续发展，从环境友好型生产行为（刘乐等，2017）、技术采纳行为（叶孙红等，2019）及绿色生产行为（陈雪婷等，2021）等方面探究异质性农户的生产行为差异。总的来说，小农户往往通过在单位土地面积上投入大量精力来获得较高的产量目标，而规模户会更倾向于以增加资本投入、使用新生产技术（包括机械技术和生物技术）来弥补土地劳动投入不足的缺陷。

3. 关于农户土地流转行为的研究

关于农户土地流转的研究大致可以分为宏观和微观两个层面，宏观层面主要从机制构建、路径探索以及制度激励等方面，包括农地流转的现状、区域特点、存在的矛盾、模式的差异（朋文欢等，2022；蒋乃华等，2022；朱建军等，2019；彭长生等，2019）以及农地产权的制度变迁与未来演进逻辑（郜亮亮，2023）进行探究；微观层面则聚焦在农户行为选择，包括农户农地流转意愿、行为、满意度等方面（江永红等，2019；洪名勇等，2020）以及对农地经营权流转对农户的增收效应（张建平等，2023）。

基于农户自发流转的动因分析，影响农户自发的流转意愿与行为的因素主要有农户特征（陈飞、翟伟娟，2015；Xia et al.，2017）、家庭经济特征（Cater，1984；赵丙奇等，2011；Xia et al.，2017）、土地禀赋，主要是土地的细碎化所导致的土地产出的低效益（王士海、王秀丽，2018；刘瑞峰，2018）、流转模式（尚旭东等，2016）、流转的福利效应差异（陈飞、翟伟娟，2015；朱红根等，2019）、农业政策（尚旭东等，2016）等方面。基于经济理性小农理论，效用最大化是农户农地流转决策基础。而农户差异化的自身特征及先天能力会直接影响对效用的判断，如户主年龄（李明艳等，2010；倪国华等，2015；王亚运等，2015）与农户兼业化行为（钱忠好，2008；许恒周等，2011）会影响农户的流转意愿；农户的受教育程度（钱忠好和冀县卿，2016）和农户的干部身份（Xia et al.，2017）、农户非农就业特征（刘涛等，2021）、风险感知能力及风险规避的偏好（仇焕广，2020）等其他农户特征都会影响农户的农地流转行为。

基于政府主导的农户农地流转动因分析，鉴于政府及决策制定者思想认知的转变（许庆等，2019），针对性地稳定农地产权，并为各地方政府根据自身实际灵活调整政策留足空间（丰雷等，2019），土地确权登记以及农地的"三权分置"政策等，都为土地流转提供了制度支撑。

1.2.2　关于农村土地规模经营的相关研究

1. 农村土地①规模经营的观点争论

中国农业是推行规模化还是维持小农模式一直是学术界和政界争论的焦

---

① 本书中提到的"农地"为农村土地的简称。

点。争论的落脚点是土地经营是否存在规模性以及哪种农村土地经营模式的生产效率更高,更能实现规模经济。规模经济理论意味着,在一定时期内经营规模的增加有助于降低生产过程的平均成本,从而实现更高的经营利润水平,具体区分为内部规模经济和外部规模经济。农业由于其生产特殊性,其发展需要一定的条件才能实现规模经济。从规模经济的成因来看,我国农业生产存在生产要素投入同比变动、耕种土地面积不断扩大、零散土地改整等三种情况带来的内部规模经济,以及直接生产过程之外的公共设施、市场集聚、产业关联等规模变动的效益流入所带来的外部规模经济(蔡昉、李周,1990)。这些因素共同作用带来了我国农业生产的规模经济。有学者认为农业生产产生内部经济的成因之一是部分生产要素投入具有"不可分性"(姚洋,1998),在现行的家庭承包经营制度下,农户是中国农业生产的基本单位,是农业生产和经营的基础。因此,在农户层面的生产环节发现存在规模经济,意味着在农业生产部门也会存在;而在农业生产部门发现规模经济则有可能是由农户生产以外的如产品销售、信贷支持等环节存在外部规模经济作用的结果(许庆等,2011)。由此可见,只有在农户的微观经济层面对作物生产进行研究,才能正确检验我国农业生产中是否存在规模经济。

国内外学者对于农地规模经营已经进行了大量的理论和实证研究,对农业规模经营的理论渊源可以追溯到18世纪重农学派经济学家魁奈的"大农业比小农业更具有优越性"观点,以及杜尔阁还有古典经济学家马尔萨斯和李嘉图等对农业具有规模报酬递增特性的论断。

研究土地规模经营与农业生产率之间的关系一直是农业经济学的经典话题之一。以美国新古典经济学家舒尔茨为代表的学者质疑农业规模经营的观点,主要集中在规模化经营未必提高生产效率;国内也有学者认为农业生产的规模经济效应并不显著(罗必良,2000),农地经营规模扩大并未实现报酬的规模递增,且不存在规模经济现象(王嫚嫚等,2017)。有学者经过实证分析,得出农地经营规模扩大反而会造成土地报酬的规模递减,即存在着土地产出与土地经营面积之间的反向关系（Sen，1962；许庆等，2011；黄天宇、李楠，2021）。然而这些实证结果并未改变诸多学者支持适度规模经营的观点。大量学者对一些典型调查材料进行统计分析得出支持适度规模经营的证据，认为土地规模经营扩大有利于农业技术的推广，降低农业生产成本，提高粮食产量，利于土地规模报酬递增（刘凤芹，2006；赵鲲等，2016；段禄峰等，2021）。

在"大国小农"这一基本国情背景下，我国现代农业的发展目标就是实现以小农为主体的"小农农业"的现代化（刘长全等，2022），实现农户从传统小农向现代农户转变。农业转型与现代化的规律表明，随着经济增长，农业劳动力的比重趋于下降，同时农户经营规模趋于扩大，农业机械等现代农业技术得以应用，并共同推动农业生产率上升和农业产出增长（罗锡文等，2016；楼栋、孔祥智，2013；郑旭媛等，2022），土地流转、规模经营和先进农业技术应用都是农业现代化过程中农户生产经营行为转变的重要前提与特征（张红宇，2011；钱忠好、冀县卿，2016；张冬平、黄祖辉，2002），在此过程中，农户从低生产率、自给自足的农业生产转向更高生产率、商品化导向，并主要面向非农业部门需求的农业生产经营（郭亮、刘洋，2015）。

2. 关于农村土地经营规模的"适度性"测度

适度规模经营的概念源于规模经济，是指在现有条件下适度扩大生产经营单位的规模，使土地、资本、劳动力等生产要素趋向合理配置，以实现最佳经营效益的活动。从理论上讲，所谓的"适度"应以生产粮食的平均成本是否降低或上升来衡量（许庆等，2011）。克服小规模农业的缺点，扩大其规模实现规模经济效益构成了我国农地规模经营发展的逻辑起点（许庆等，2011）。

农业领域通常从平均成本下降的角度衡量农地规模经济，但农地流转和规模经营中暗含的高交易成本和高组织成本却被普遍忽视：首先，农业用地作为一种特定的生产要素，其地理分布的固定性与异质性使得农地的流转和集中受到更多的技术限制（张露、罗必良，2021），在特定条件下，农地经营规模具有一定程度的稳定性，但这种稳定并不是固定不变的。其次，农地规模的形成取决于大量小规模农户的农地经营权流转，其面临租赁成本和缔约、监督执行等交易成本（罗必良，2017）；同时农业生产过程中的劳动投入是一项长期且必需的外部投入，且农业经营还会一定程度上受到自然环境的影响。随着农地规模的扩大，农户家庭自身的生产能力难以应对农业生产环境的多样性与复杂性，从而导致组织和管理成本上升（张露、罗必良，2021）。交易费用与组织管理成本共同决定了企业的边界（Coase，1960），也即农业家庭经营的边界，意味着农地经营具有一个"适度"的规模水平。因此，扩大农业效率和效益的边界取决于多种生产要素（土地、资本和技术）的最佳组合，在不确保投入要素均衡的情况下仅强化单一的土地要素投入同样也会导致效率下降。家庭农场作为一种新的经营模式，是实现农村土地规模经营的有效形式，但由于经营规模小、劳动力密集、资金缺乏、技术薄弱等原因，使得这种新型经营方式难以实现进一步发展。

我国农村分散化的经营格局不可避免地导致了以零散流转为主的农地流转模式，规模经营的推进主要表现为地块的流转经营，农户农地经营规模扩大可能表现为经营的地块总数增加而非单个地块面积扩大。关于地块规模经营的研究大多集中在农地细碎化从而造成生产效率损失等方面（叶子等，2021；秦立建等，2011）。经营细碎化且位置分散的多个小地块很有可能会因种植作物结构的差异带来农户间的矛盾，而相邻农户若进行集体决策来调整种植结构又可能会面临着高昂的集体决策成本（杨宗耀、纪月清，2021），并且小地块也难以实现农业机械化生产的规模效率（顾天竹等，2017），而大地块则能够在农业机械利用方面实现规模经济（郭阳等，2019），大小农户均可通过增加地块规模获得规模经济（张丽媛、万江红，2021）。

3. 关于农户土地规模经营的动因及影响因素研究

由于土地私有产权关系，国外文献对土地资本化的提法较少，与之相关的研究主要集中在对土地价值最大化的实现路径和模式以及土地作为资产和生产要素在市场中配置，实现土地的资源利用效应和公众利益保护效应等方面。

从土地价值和需求层次方面来讲，农业生产者在产中和产后阶段的关注点从商品价值逐步转向福利价值（Bergstorm，2001），而且产量、位置、交通便利条件等是土地价值的主要影响因素（Helmers，2004）；另外，国家的农场政策、周围公共产品供给服务和社会福利对农地价值影响更大（Lee，1989；David，1991）。从国家土地制度和产权交易方面来讲，美国、日本等发达国家多实行土地私有制，土地被看作一种商品在市场上可以被自由买卖、租赁、抵押和赠送，当然土地的买卖价格由市场决定（Andrew，1993；Vikas，2001）。

当前国内学者们对于推进农户土地规模经营的动因研究主要归因于：资源配置与资本流向符合经济规律的客观要求（何晓星，2004；李双海，2006；曾福生，2013）；政府主导推进（姚洋，2008；张红宇，2010）；农村土地资本化促进了社会保障制度完善（温铁军，2010；郭晓鸣，2011）。全世文等（2018）则认为土地资源具有稀缺性，在产权明晰且产权交易不受限制的条件下会自然发生资本化。从制度方面来看，农地资本化受制度约束。2013 年《中共中央关于全面深化改革若干重大问题的决定》提出"赋予农民对承包地占有、使用、收益、流转及承包经营权抵押、担保权能"，这为农地经营权资本化提供了前提条件（李政通、顾海英，2022）。2016 年《关于完善农村土地所有权承包权经营权分置办法的意见》的出台，标志着"三权分置"上升到国家政策层面，这为农村土地经营权资本化提供了强有力的政策支持，一定程度上放松了农地资本化的制度限制（黎翠梅、柯炼，2018）。

从农户分化视角来看，学者们也进行了丰富的研究。许恒周等（2012）从农户分化类型与分化程度方面分析了农户分化对农地流转意愿的影响；惠献波（2014）研究了农户分化对农村土地经营权抵押贷款意愿的影响；黎翠梅和柯炼（2018）则基于湖南湘北地区农户的调查，实证检验了农户分化对农户农地经营权资本化意愿的影响机制，发现农户分化对农地经营权资本化意愿具有直接影响，并且农户垂直分化通过影响土地功能偏好进而影响农户农地资本化意愿。从农地经营规模来看，多数学者达成一致看法，都认为农地细碎化限制农地资本化，农户的农地资本化行为取决于随农地经营规模变化而变化的生产目标，农地资本化方式需要与农地规模相匹配（林乐芬、沈一妮，2015；孙月蓉、代晨，2015；胡雯等，2019）。

尽管农村土地经营权流转是转变农业发展方式的重要途径（赵翠萍等，2016），有利于土地从低效者流转到高效者，提高土地资源的配置效率，并且将农户从农业经营中解放出来，转向从事非农就业（耿宁、尚旭东，2018），有利于促进农户增收，但农地过度资本化时却会造成耕地价格上涨从而促进耕地非粮化利用，对粮食安全造成冲击（戚渊等，2021）。程建等（2020）研究发现土地资本化的过度发展是中国经济动态无效率的一个重要原因。从长期来看，土地过度资本化形成了投资锁定，挤出了技术进步，制约了经济增长，不利于可持续发展（程建等，2019）。另外，有学者从马克思绝对地租理论视角，分析了农地过度资本化的原因，将其概括总结为农村土地的"非农化"需求、"非粮化"需求和投资性需求以及农业补贴，其中前三者是土地过度资本化的内生动力，农业补贴则是土地过度资本化的外生动力（全世文等，2018）。土地规模化是一把"双刃剑"，如何把握其合理的"度"以趋利避害，是改革发展需直面的重大科学问题（程建等，2022）。

1.2.3　关于农村土地规模经营与农业绩效的相关研究

农地经营权资本化作为"三权分置"制度的改革实践，对于实现农业适度规模经营和改善农户收益的目标具有积极意义（李宁等，2016），关系着我国农村土地制度改革道路及农业的发展方向（黄祖辉，2017），是转变农业发展方式和破解农业发展资金不足的重要途径（赵翠萍等，2016），也是小农户对接现代化农业大生产的关键环节，具有十分重要的理论价值和政策内涵（胡雯等，2019）。

1. 关于农村土地规模经营与农业生产效率的研究

关于农户经营规模与生产效率间的关系问题已有相当丰富的理论研究，传统的农业发展理论认为，人口压力的持续增长导致土地利用程度增加，从而实现传统农业向集约农业的转化，但反过来又影响了土地所有制结构和农业生产关系（Boserup，1965；Binswanger and Rosenzweig，1986；Binswanger and McIntyre，1987）。由于扩大经营规模不可避免地存在交易成本，包括对雇佣劳动力的监督，因而传统的家庭农场理论认为小农户拥有相对更高的效率，因为小农户以家庭为单位进行生产，没有监督成本且不会面临道德风险等问题（Dethier，2012）。而农业生产率不仅取决于内部因素（劳动要素投入），还依赖其外部因素（经营的规模）。国内外的相关研究表明，控制了其他可能影响农业生产率的因素（如农地质量特征）后，经营规模与农业生产率之间呈现出反比关系（Eastwood et al.，2010）、土地生产率与耕地规模之间呈负向关系（程申，2019）。

由于存在市场失灵，发展中国家的大多数要素市场并不发达，大农户一般比小农户更容易进入信贷市场，所以越来越多的学者质疑发展中国家经营规模与生产率之间的反向关系的合理性，并提出二者是正向或"U"型关系。从单要素生产率来看，土地生产率与经营规模间的正负关系仍存在争论，其他的生产率指标，如劳动生产率和经营规模的正向关系获得了相当多数经验研究的支持（夏永祥，2002；卫新等，2003；李谷成等，2010；Rada et al.，2015；唐轲等，2017；邓汉超、苏昕，2022）；关于农地经营规模与技术效率的分析研究发现大农场会比小农场有更高的技术效率（Mugera et al.，2011；Bagi，1982；刘天军等，2013）。从全要素生产率来看，已有研究证明经营规模扩大对效率增长无关（Townsend et al.，1998；李谷成等，2010）和正相关关系（汪中华、尹妮，2022；李晓阳、许属琴，2017）。近年的研究出现了一种新的观点，即农地经营规模与生产效率之间并非简单的线性关系，而是非线性的。具体有农地规模与生产率之间是一种"U"型关系（邵晓梅，2004）和倒"U"型关系（袁若兰等，2022）；单要素生产率指标也同样存在非线性关系，如农地经营规模与土地生产率之间存在倒"U"型关系（胡初枝、黄贤金，2007；陈杰、苏群，2017；Li and Huo，2022）、劳动生产率与经营规模间的"U"型变化（倪国华等，2015）以及先随着经营规模的扩大而增加随后长期稳定在某一水平的倒"L"型关系（王亚辉等，2017）、与技术效率间呈现出倒"U"型的变化趋势（栾建、韩一军，2020）。

我国特殊的土地制度环境导致农业经营分散化问题严重，发展现代农业不能忽视小农户的主体作用，尽管国内外学者对不同国家和地区经营规模与生产效率的关系做了详尽的研究分析，但是针对新时期中国的小农经济是否仍具有效率、影响农户规模经营的因素有哪些，以及中国小规模农户今后的发展、市场化的出路及实现路径等问题还缺乏系统研究。中国作为一个农业发展大国，农业生产环境复杂多样，因而需要全面系统地考察异质性农户、异质性作物、异质性农地规模与农业生产率之间的关系，探讨影响农户进一步规模经营的各种因素，为新时期小农经济的发展提供决策依据，促进小农经济的转型。

2. 关于农村土地规模经营的经济效应研究

从其他国家的农业发展实际来看，农村土地规模经营的实现形式各异。印度土地市场比较活跃，产权交易的较少，多是以租赁方式完成（Carter and Yang，1998）。发展中国家由于保障不完善和农村金融的缺失，农地买卖市场不但无法满足贫穷或无地农民获得土地，反而可能使其失去土地，容易出现土地集中和两极分化现象，导致低效和社会稳定的丧失（Basu Armabk，2002）。

中国农村土地实现规模经营主要有以下几种方式：资产赋权、成立股份公司（周其仁，2004；罗必良，2015）；构建土地市场机制（黄韬，2008；赵鲲，2016）；股份合作制的"准土地股权"（黄少安，2014）；土地经营权入股、转让、抵押、承包租赁、土地信托、土地使用权证券化、土地银行（杨元庆，2008；刘莉君，2010；赵翠萍等，2016；夏玉莲、曾福生，2015）。可见，农地实现规模经营具有参与主体多层次、流转方式多元化、流转规模扩大等特征（孙月蓉、代晨，2015）。然而，黎翠梅和柯炼（2018）通过对湘北地区农地经营权资本化现状的调查发现，仅有 45.87% 的农户进行农地规模经营，农地规模经营并未在调查地区广泛开展；此外，还发现进行农地资本化的农户中，60% 采取的是最传统的土地资本化形式即出租，而采取信托和入股形式的仅占 28% 和 12%，表明所调查地区的农地资本化形式单一且层次较低。由于我国各地区经济发展水平不同，农地资本化实现形式呈现一定的区域差异性，按照农地资本化属性不同，我国农地资本化的具体实现形式可分为生息型农地资本化、借贷型农地资本化、要素型农地资本化和金融型农地资本化等四种不同类型（赵翠萍等，2016）。有部分学者对农地资本化进行了案例与存在问题研究。例如：成都土地银行（权小虎，2010；陈家泽，2009）；广东南海模式（刘守英，2004）；浙江绍兴农地资本化经营（胡亦琴，2007）；北京郑各庄村宅基地资本化（刘守英，2011）；重庆"地票"；嘉兴"两分两换"；广东"拆旧复垦"和苏州"三置换"（杨忍等，2021；韩高峰等，2019）。侵占和损害农民经济利益是农地资本化过程中存在的主要问题（李昌平，2015；朱强、朱有志，2016），而农村土地资本化实践探索的首要风险是农地过度资本化与粮食安全（程建等，2022）。除此之外，资本化改革重构了收益分配格局，可能造成地区间新的不平衡（张先贵，2013），资本的逐利性和政府的逐绩性可能造成"运动式"资本化改革而侵害农民利益（刘升，2015），反向激励则对耕地保护和生态保护构成威胁（田传浩、彭信添，2021）。

从现有文献可以发现，国内外学者的研究重点已从理论研究逐步转向实证研究，并细化至各个角度对土地规模经营进行深入分析。有学者以农机作业服务为例，实证分析了农村土地规模对农业资本化的影响，农户会根据自身农地经营规模作出购买服务还是购买农机的决策，以实现成本最小化、风险最小化、利润最大化（胡雯等，2019）。李政通和顾海英（2022）则以粮农收益最大化和城乡居民收入均等化为目标导向，基于土地权利资本化构建了农地适度规模的测算模型。还有学者实证分析了农业 "三项补贴" 改革对农户土地流转的影响，研究表明为了更大程度实现农业补贴对农地流转的促进作用，不仅要以土地经营权作为发放依据，还要重视农业补贴转化为地租所带来的负面影响（杨青等，2022）。杜鑫和张贵友（2022）则实证分析了土地流转对农村居民收入分配的影响。除此之外，有学者基于宁夏农地产权抵押贷款试点区农户调研数据，实证分析了土地经营权抵押响应对农户土地转出行为的影响（李超、李韬，2021），还有学者以贵州省盘州市的土地股份合作社为例，分析了 "三权分置" 中农村土地资本化流转的双层权利置换模式构建（吴越、韩仁哲，2018）。

3. 关于农村土地规模经营的收入研究

随着 "三权分置" 成为一项制度性供给，土地规模经营的经济效应已成为政学两界的热门话题。从已有研究来看，国内外学术界对土地规模经济的相关研究从理论和实证两方面进行深入和细化分析。国内对于农户福利的研究多聚焦于农地流转后福利经济效应的变化及其影响因素等方面。

从资源配置效应方面来讲，随着中国土地流转逐渐升温，中国农村土地资本化具有交易收益拉平效应（Wang, Cramer and Wailes, 1996），实证数据研究显示农地规模与投资产出率呈正相关关系（Wang et al., 1996）。此外，风险厌恶、非农就业和 "市民" 身份转变等也是影响农民决定是否进行土地流转的重要因素（Celia and Eduardo, 2003）。从理论上讲，"三权分置" 产权制度改革为土地资本化提供了强有力的政策支撑（黎翠梅、柯炼，2018），在 "三权分置" 背景下，土地合理资本化的运行机制表现为通过市场机制配置土地，并引导土地经营权向新型经营主体集中，以提高土地配置效率（全世文等，2018）。另外，有学者通过实证分析发现农地权利资本化可以成为提升资源配置效率的重要手段（李政通、顾海英，2022），农地适度资本化可以通过市场机制将农地资源和生产要素资源流入生产能力更强的经营主体手中，从而达成农民增收和粮食增产的政策目标（戚渊等，2021）。还有学者从多个维度探究农地资本化的积极效应，可以归纳为农民增收（Ye and Zhao，2014；周京奎等，2020）、要素配置优化（陈丹等，2017；李启宇、张文秀，2010）等。

从收入效应方面来讲，通过农地流转形成的规模经营可以有效提升农户和新型经营主体的收入（陈飞、翟伟娟，2015），再者确保稳定且较长时间的租期有利于农业投资，提高农业效率（李庆海等，2012）。从福利效应测算的实证角度来看，少数学者对土地流转的收入效应进行回归分析。金松青和丹宁格（Jin and Deininger，2009）选取了中国 9 个典型的农业大省 800 个村庄近 8000 户家庭，利用 2001～2004 年的面板数据实证研究了土地租赁对收入多样化和土地利用效率的重要影响。然而针对数据处理过程中以往文献所忽视的内生性问题和"遗漏问题"，有学者运用 Biprobit 模型和多重内生处理效应模型可以解决上述问题，并且估计了农户在自选择基础上，无论租入还是租出土地都可以增加农户效用，提高农户福利水平（Songqing and Klaus，2009）。

当然，由于农户的"自选择"行为，导致样本数据中租入户和租出户的划分是非随机的，最终模型结果会产生偏误。因此，陈飞和翟伟娟（2015）采用倾向得分匹配（PSM）方法，通过构造一个合理的反事实框架，深入分析农户流转土地的福利效应及其具体来源。从净福利的增加值看，农村土地规模化经营可以显著增加租入户的福利水平，而租出户的福利水平增加相对不明显（耿宁、尚旭东，2021）。此外，有学者基于中国家庭追踪调查（CFPS）数据，发现农地资本化促进农地流转的减贫效应，资本化程度越高，减贫效应越显著（周京奎等，2020）。还有学者探究了农地规模与农业资本化的关系，发现与农业资本化匹配的最优农地规模为 100 亩，此时可以实现帕累托最优和规模经济（胡雯等，2019）。

1.2.4　研究述评

通过对农户行为、农地产权制度演变和土地规模经营等主题进行研究文献的梳理，可以发现，学者们对这三个主题独立研究已经积累了较为丰富的成果，从农地产权制度的演变、农地规模经济的评估、农地规模经营的效率等方面进行了分区域、多角度、多层次的讨论，为本书的进一步研究提供了一定的研究基础。鉴于此，本书将从以下三个方面来进行拓展与深化研究。

首先，本书基于农地"三权分置"制度视角，厘清"产权细分—规模经营—农业绩效"的逻辑机理。"三权分置"制度改革的核心在于放活经营权，较多学者的研究成果从发达国家的农业实践经验、助力中国农业现代化发展、增加农民收入等方面揭示了实现土地规模经营的必要性，为本书后续展开促进土地规模经营以及规模经济测度提供了良好的研究基础。

其次，对农地经营规模的"适度"进行验证。现有文献对于农地适度规模经营的理论研究趋于成熟，实证研究也多聚焦在微观主体农户的农地[①]经营面积、土地生产效率、农地投入与产出等方面，从微观新型农业经营主体视角验证适度规模经营的经济效应的研究较少。因此，鉴于"有限理性农户"的假设，经济利益是农户进行土地规模经营直接诱因，本书将利用微观调研数据从角度验证农地规模经营能否取得良好的经济效益。

最后，对农户土地规模经营所产生的绩效进行检验。本书围绕农地规模经营的绩效评估主要从收入效应、经济效益以及生产效率三个方面进行实证检验。

---

① 农地包括耕地、园地、林地、草地等，鉴于研究的需要，本书的农地仅指耕地。

1.3　研究目标和研究内容

1.3.1　研究目标

本书的总体研究目标是：基于农地"三权分置"的研究视角，运用计量经济学模型，利用微观农户数据，考察农户土地规模经营行为评价农户实施土地规模经营的绩效，进而为深化我国农村土地制度改革、促进农地规模化运作、提高农民收入、实现共同富裕提供决策参考。具体研究目标如下：

第一，研究农地制度变迁对土地规模经营的影响机理。第二，探讨农户参与土地规模经营行为决策及其影响因素。第三，基于收入、规模经济和生产效率视角评价农户土地规模经营行为的绩效。

1.3.2　研究内容

本书遵循"产权细分—规模经营—农业绩效"的逻辑线索，根据上述研究目标，重点研究"三权分置"制度对农户土地规模经营的影响机理与绩效评价。具体研究内容如下。

第 1 章导论。本章首先介绍本书的研究背景与研究意义，并提出本书要研究的问题；其次，对国内外已有相关研究成果进行梳理和综述，并进行简要述评；在此基础上，提出本书的研究目标，根据研究目标设计本书的研究内容和技术路线，并确定研究过程中运用的相关研究方法；最后，对本书的创新点进行说明。

第 2 章"三权分置"视角下农户土地规模经营的经济理论分析。本章主要对本书涉及的相关理论进行梳理，来构建农地规模经营的理论框架。本书所涉及的理论主要有：制度变迁理论、土地产权理论、马克思地租理论、规模经济理论、农户行为理论，运用这些理论对本书所涉及的关键问题进行概括性的经济分析。

第3章农地制度变迁逻辑及其对土地规模经营的影响分析。本章基于产权理论视角对我国农地由"两权分离"到"三权分置"的制度变迁逻辑进行深入分析。沿着"三权分置"制度变迁路径，其核心内容在于将土地权利束进一步细化与分割。在此基础上，重点分析产权细分与农地适度规模经营的逻辑机理。

第4章我国农地规模经营的发展现状分析。本章首先利用农业农村部和第三次全国农业普查的数据，对全国农村土地规模经营以及农村土地资本化发展情况的现实特征进行了描述，以期反映现阶段农村土地规模经营与农地资本化的概貌与特征。其次，基于2018～2021年课题组在山东省调研的数据以及中国土地经济调查（China Land Economic Survey，CLES）数据库，从微观层面更为具体地描述当前农村土地规模经营与农地资本化的发展情况，为后文进行实证分析提供数据支撑。

第5章"三权分置"制度对农户土地规模经营行为决策的影响分析。本章首先从理论上阐释"三权分置"制度对农户土地规模经营决策的影响路径。其次通过模型构建及变量选择，实证检验农户土地规模经营决策的影响因素。最后对实证结果进行分析。

第6章产权细分、土地规模经营与农民收入分析。农地规模经营的相关理论解释为研究"土地规模经营是否产生收入效应"问题提供了一定的理论指导和方法借鉴。本章基于2018～2021年对山东青岛平度的调研数据，采用倾向得分匹配法对农户土地规模经营的收入效应进行实证检验。

第7章产权细分、土地规模经营与土地生产率分析。本章旨在借助课题组2021年的相关数据，探讨农地经营规模与土地生产率之间的关系，验证农地经营规模负向影响土地生产率这一经典规律是否适用于转型时期的我国农业生产。

第 8 章产权细分、土地规模经营与规模经济效应分析。研究土地规模经营的经济效应一直是农业经济学的经典话题之一。本章首先基于规模经济理论对土地规模经营的"适度性"进行理论分析。其次，通过构建成本函数进而估计成本弹性来具体考察土地适度规模经营的规模经济问题。最后对各规模经营主体的成本弹性及异质性进行分析。

第 9 章研究结论与政策建议。本章在全面总结各章研究结论的基础上，提出相应的政策建议。

1.4 研究方法和技术路线

1.4.1 研究方法

本书采用规范研究与实证研究相结合的研究范式，具体的实证分析方法主要包括以下三个方面：

1. 实地调查法

本书重点研究农户土地规模经营行为及绩效，因此主要采用实地调查获得第一手数据资料，并在此基础上进行实证研究，本书调查研究主要包括实地考察、访谈、问卷调查等。微观层次的调研有助于理解行为主体在特定环境下的行为决策，从而对研究结论更具说服力。问卷调查主要从微观视角调查农户土地流转情况、规模经营情况以及"三权分置"制度了解情况，借此分析农户土地规模经营的行为决策及影响因素以及收入效应的验证。

2. 统计分析方法

根据历年《中国农业统计报告》等统计资料，对本书第 4 章中我国农地规模经营的发展现状、土地流转形式进行描述性分析，以及全面刻画我国农地规模经营的历史演变及发展特征。依据中国土地经济调查数据库，对农户基本特征进行描述性统计分析。

3. 经济计量分析方法

对农户土地规模经营决策的影响以及绩效的研究，主要采用多值 Logistic 随机效用回归模型、倾向得分匹配法、Translog 超对数函数、基准回归等方法对核心研究内容进行实证检验。

1.4.2　技术路线

本书技术路线如图 1-1 所示。

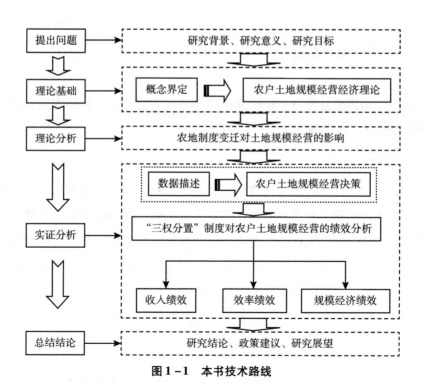

图 1-1　本书技术路线

第2章

"三权分置"视角下农户土地规模经营的经济理论分析

对相关概念的准确界定有助于确定研究对象和研究范围。农地规模经营是农业经济学学界一直热议的话题,从农户视角来看,农业生产是以家庭为主要单位开展,因此土地流转是农地规模经营的前提。因此,本章对相关的经济理论进行梳理,有助于正确分析"三权分置"制度对农户土地规模经营的影响机理,为本书后续的实证分析提供理论基础。

2.1 相关概念界定

2.1.1 农村土地

农村土地是农业生产力的主要载体,关系到

农村经济的发展、农民利益的实现及农村社会的稳定。土地是中国农民最主要的财产，而农村土地制度一直是中国农村社会最主要的生产关系。2002 年颁布的《中华人民共和国农村土地承包法》①明确提出："农村土地，是指农民集体所有和国家所有依法由农民集体使用的耕地、林地、草地，以及其他依法用于农业的土地。""通过家庭承包取得的土地承包经营权可以依法采取转包、出租、互换、转让或者其他方式流转"。现阶段，我国农村集体土地分为农业用地、建设用地和未利用土地。农业用地包含耕地和其他用于种植业、林业、畜牧业和渔业生产的土地等。本书鉴于研究的需要，仅选取农业用地作为农村土地资本化的研究对象。

2.1.2　农地规模经营

土地规模经营的内涵来自经济学中的"规模经济"，"规模经济"指的是产品产量扩大的程度小于成本增加的程度。本书所考察的土地规模经营是指农业生产经营主体在既有的客观条件限定下，将一定数量的土地集中经营以达到适度扩大生产经营单位的土地规模，而充分发挥投入的各种生产要素的能力，使生产要素配置更加合理，从而提高经济效益，达到最佳的经济效益的活动。农业规模经营的实现可分为两种，一种是严格的规模变化，是指在农业生产中投入的所有生产要素进行同比例的、同时的增加，在这种纯粹的规模变动的条件下发生的农业经营效益增加，也就是所谓的规模报酬递增。但在农业生产中，土地作为重要的生产要素，是缺乏弹性的，对实现严格的规模变化产生了屏障，导致严格的规模变化在现实中很难找到实验对象。因此，在实际应用和研究中更多的是考虑另一种情形，在一些生产要素保持不变的情况下，改变另一些生产要素的投入而引起的经济效益的变化，实际是

---

① 《中华人民共和国农村土地承包法》，http：//www.gov.cn/gongbao/content/2002/content_61729.htm。

指通过改变投入生产要素的配置情况而达到的最优经济效益。由于土地要素的规模直接限制了农业规模,因而农业规模经营可以直接表达为土地规模经营,本书不再对土地规模经营和农业规模经营做具体的区分。

关于土地规模经营的测度,由于我国特殊土地制度环境,土地流转是实现土地规模经营的主要途径之一,是将小规模、细碎化或撂荒的农地的经营权流转给有意愿扩大经营生产经营规模的经营主体。主流文献的农地经营规模通常是指农户实际耕种的耕地总面积。事实上,农地规模有不同的表现形式,包括农户经营的农地总面积、地块数或地块面积、播种面积乃至连片种植面积等,不同的规模形式隐含着不同的行为经济学含义。在实际生产中连片种植规模难以进行精确有效的测度,因而本书选择以农户自身承包的土地总面积和承包的最大地块表示小农户的农地经营规模,以农地流转后经营的土地总面积和转入的最大地块表示规模经营户的农地经营规模。

2.1.3 农地"三权分置"制度

"三权分置"是农地所有权、承包权、经营权分置并行的重大制度创新(钟晓萍等,2020)。学者们对其本质进行了研究探索。有学者提出"三权分置"并不是集体所有权与承包权、经营权的简单相加(高海,2019),"三权分置"重新界定和补充了土地经营权的权能,尤其是具有物权属性的权能(周力、沈坤荣,2022)。从本质上来看,"三权分置"是在土地流转背景下,对农地权利束的进一步分割与细化(吴一恒等,2018),其重构了集体所有制下的农村土地产权结构(肖卫东、梁春梅,2016),实现了农民集体、承包农户与经营者之间的权利共享(钟晓萍等,2020)。

"三权分置"是集体所有权、农户承包权及土地经营权分置并行的状态,因此,学者们详细阐释了所有权、承包权和经营权的内涵及其三者间的关系,以此来解释"三权分置"制度的内涵。张红宇(2017)将集体所有权界定为所有权人对集体土地依法享有占有、经营、收益、处分的权利；承包权界定为土地承包权人对承包土地依法享有占有、使用和收益的权利；土地经营权则是对农地拥有占有、耕作、经营的权利。刘守英（2022）认为集体土地所有权是对"集体所有的不动产和动产"拥有所有权；土地承包经营权是作为集体经济组织成员的农户依法公平地获得集体土地的承包经营权，他将土地承包经营权界定为用益物权；而土地经营权是对流转土地依法享有一定期限的占有、使用、收益的权利。上述两位学者都认为集体所有权、农户承包权、土地经营权三权之间具有层层派生的关系。杨一介（2018）则从家庭承包经营视角分析了"三权分置"的法律内涵，他认为承包土地的集体所有权是集体所有权的一种形态，农户土地承包权的实质是土地财产权，体现了身份性（肖鹏，2017），土地经营权是基于土地承包经营权流转而产生的一个法律后果，其属于用益物权还是租赁权需要从其取得方式及其法律后果来判断。还有学者分析了"三权"的本质，认为集体所有权是地权阶级属性的体现，承载的是意识形态功能，承包权是土地财产属性的体现，承载的是社会保障功能，经营权则是土地要素属性的体现，承载的是生产效率功能（张红宇，2014）。事实上，农户承包权与土地经营权的分离就是土地承包经营权所负载的社会保障功能和经济效用功能的分离（肖卫东、梁春梅，2016）。

2.1.4　农地资本化

马克思在《资本论》中提出，资本是能够实现价值增殖的价值，或者说，只要能够带来利润或剩余价值的价值，就称之为资本。费雪（1906）从服务的视角界定资本的概念，资本是包括土地、机器、自然资源等在内的能在一定时期内提供服务的财富。资本化是一个连续、动态的过程。资本化较早来源于"收益资本化"，如果以年收益的若干倍来计算购买价格，这并非土地的购买价格，而是地租资本化的另一种表现形式（赵翠萍，2016）。从价值体现来看，资本通过市场配置生产资料和生活资料，它的价值体现在稀缺性资源的配置上。因此资本化是资本凭其收益转化为资产的现期交换价值的过程（杨元庆，2008）。

从权利归属来看，农村土地产权包括土地所有权和土地使用权（经营权），因此土地资本化包括所有权的资本化和使用权的资本化。从以上对资本的概念界定来看，土地资本化就是将土地资源要素作为资本进行经营，从而获取土地经济报酬的过程（葛扬，2007）。然而，根据中国土地制度特点，农村土地可以通过租赁、股份制等制度设计，对土地资源要素重新整合，并进行土地使用权市场化流转产生收益的过程，即为农村土地资本化（罗舒雯，2011），更为确切地说，为农村土地使用权资本化，这一概念有别于"土地私有化"。

从当前中国的实践来看，农村土地资本化实际上是农村土地使用权的资本化，是土地使用权归属主体获取土地增值报酬的行为，其载体是土地使用权，通过土地流转市场进行交易，将土地获益部分进行贴现，从而实现土地价值的显化（权小虎，2010）。从以上观点可以得出，在中国，农村土地资本化有一个共同点，就是通过土地流转市场。资本化运作离不开市场化，因此，完善的土地使用权交易市场是农村土地资本化运作的前提。

本书研究的农村土地资本化是指根据供求关系和价格机制，进行市场化运作，促使土地资源的流动与增值，从而提高土地规模效率和利用效率，使农户获得收益的动态过程。一方面，农村土地资本化促使土地从低效者流转到高效者，提高了土地资源的配置效率；另一方面，农户在保证获得土地流转租金的同时，从农业经营中解放出来，转向从事非农就业。

2.2 理论基础

2.2.1 制度变迁理论

舒尔茨（1994）把制度定义为一种行为规则，这些规则涉及社会、政治及经济行为。制度可以通过一系列规则界定人们的行为选择边界或空间，约束人们之间的相关关系。从而减少交易成本、减少外在环境所带来的不确定性，通过保护产权，促进人们的生产性活动。与此同时，制度还可以实现内化外部收益、提供经济激励机制等功能（卢现祥，2003）。

制度变迁是指制度随着时间的变化，所发生的创立、变更或替代的过程（诺斯，1980）。制度变迁也可以解释为一种效率更高的制度对另一种制度的替代过程，这个替代的过程是由于制度的非均衡状态所致。新制度经济学中对制度变迁主体进行了界定，不仅包含个人、组织、团体，还包含政府。制度变迁实际上强调了权利和利益的再分配与重新界定。潜在利润（外部利润）是制度变迁的直接诱因，因其在现有制度安排下无法获取。因此，制度变迁的过程实际是外部利润内在化的过程（戴维斯、诺斯，1994）。

从供给－需求这一古典经济学研究范式对制度变迁进行分析，认为制度的非均衡状态是因为供需不匹配导致的。通常来说，制度变迁的需求因素有：产品及要素价格变化、市场规模变动、技术进步以及偏好变化等。当现有制度安排存有局限性，社会中的新事件导致出现新的获利机会时，个人或组织提出创新方案，并且按照逐利原则理性地比较和选择他们认为最能实现自身利益的制度方案并实行之，引起渐进的制度变迁（平乔维奇，1999），也成为需求诱致型制度变迁。制度变迁的主要供给主体为国家或政府，一般来说，制度供给成本包括规划设计、组织实施、清除制度变迁阻力、弥补制度变迁损失等,与一般经济活动中的成本收益相比更具有隐蔽性和复杂性特点。根据制度变迁供需主体差异,把制度变迁分为诱致性制度变迁(或需求诱致型制度变迁)和强制性制度变迁(或供给主导型制度变迁、政府主导型制度变迁)。诱致性制度变迁是由个人、组织或集体在追逐获利机会时自发倡导、组织和实行的过程,具有自发性、诱致性的特点。强制性制度变迁是由政府命令或法律引入强制实行的过程,具有强制性特点。两者都是对制度不均衡的反映,即现行制度安排不再是制度集合中最优的一个,需要新的制度安排实现潜在利润内在化。

2.2.2 土地产权理论

从历史发展来看,早期经济学中没有"产权"的概念。古典经济学的代表人物亚当·斯密首先触及了"产权"的经济学命题,用以说明财产关系及其在社会制度变迁中的作用。20 世纪 30 年代,科斯比较系统、全面地提出了产权理论,基于产权内涵、边界与交易成本的关系进行了深入分析。随后,产权问题日益受到关注,对于产权的内涵及延伸出现了多样化界定。以德姆塞茨、科斯、诺斯、阿尔钦为代表的经济学家,对产权的内涵做了以下界定:产权是指本人或他人受益或受损的权利(德姆塞茨,1990),产权本质上是一种排他性权力(诺斯,1993),是一个社会所强制实施的选择一种经济品的使用的权利(阿尔钦,1987)。从产权的内涵可以概括出产权的基本特征:第一,明晰性,任何产权都有要明晰的边界;第二,排他性,阻止其他个体或组织对自身的行动干扰;第三,可分割性,产权越细分越能产生效率;第四,完整性,产权越完整,不确定性就越少。

马克思产权理论被认为是社会科学研究中第一个系统且科学的产权理论,主要研究所有制、所有权之间的关系,认为所有制的法律形态是所有权,产权是包含一系列关于资产权利在内的权利束。他没有明确提出"土地产权"的概念，但是对于土地产权的相关内容做了很多论述，指出最基本、最核心的权能是土地产权，其与占有权、使用权、收益权等共同构成完全土地产权的权能结构。普遍性、独占性以及可转移性等是土地产权理论的特点。

土地产权理论的普遍性指的是只有当土地完全归农民所有时，农民产权才能达到最大功效，不然这种普遍性也毫无意义。产权不是特权，是平等交易的法权。清晰的产权对减少交易费用成本产生积极影响，能够给交易双方带来收益，使资源配置的效率得到更好提升。经济学家科斯创造的产权理论是将交易成本作为分析前提，他认为市场交易成本要有效降低，资源配置效率要得到提高就必须对产权进行清晰的界定；当市场交易成本设定为零，那么权利的初始界定就不会产生影响，市场机制安排会根据帕累托最优的目标将资源进行配置。诺斯在制度变迁理论中指出，产权制度的效率提高与否在于其安排是否能够通过降低交易费用、提高收益预期等方式激励经济发展。

2.2.3 马克思地租理论

土地可以分为自然状态的土地和已利用的土地。根据关于"把土地的自然属性和资本属性相分开"的"土地价值二元论"思想，马克思在《资本论》中提出土地的自然属性和社会属性的统一，认为土地不仅是自然的产物，也是社会生产关系的体现[1]，因为自然状态的土地没有人类的物化劳动在里面，因而没有价值。但是已利用土地与此不同，在一定劳动条件下，土地可为人类提供永续的产品和服务，可以产生地租，继而产生土地价格。马克思认为，这个购买价格不是土地的购买价格，而是土地所提供地租的购买价格。而地租的产生是由于土地稀缺性和有限性导致人们对土地垄断所形

---

① 马克思：《资本论》（第三卷），人民出版社 1975 年版，第 698～702 页。

成的。作为已利用的土地,是由土地物质和土地资本组成,其中土地资本因为凝聚了人类的劳动,因此具有价值,可以进行交易。土地资本能为其所有者带来利息,可作为租金的一部分,可以构成土地所有者的收入,从而决定土地价格。

在资本主义生产方式确立之前,地租就已经存在,并先后经历了劳动地租、产品地租和货币地租三种主要形式。劳动地租是剩余价值的原始形式,其本质是全部剩余劳动时间创造了全部剩余产品,剩余价值与农民的无酬劳动是一致的。产品地租与劳动地租不同之处在于,剩余劳动的产品不一定包括农民的全部剩余劳动,即农民可以有更多的劳动时间,生产出归自己所有的产品。货币地租是实物地租的转化形式,为地租的资本化提供了条件,并使土地资本化成为可能。

土地价格实际上是土地经济价值的反映,是为购买获取土地预期收益的权利而支付的代价,即地租的资本化。马克思认为地租和租金要区别开来,他认为真正的地租是狭义的地租。而租金是广义的地租,不仅包含真正的地租,还包括其他因素因为使用土地而支付的资金,地租和租金存在概念上的不同。如果按照不同社会形态的地租特征来说,地租是生产者在农业生产中劳动创造的实物被土地所有者占有的部分,是土地所有权实现的经济形式。马克思又把地租分为绝对地租、级差地租和垄断地租三种。[①]

2.2.4　规模经济理论

规模经营的理论基础是规模报酬和规模经济,这两者是不同的概念。规模报酬针对投入产出而言,反映的是要素投入同比例变动导致产出变动的情况,当要素投入为原投入的两倍时,产出若高于原来的两倍,则称为规模报

---

① 马克思:《资本论》(第三卷),人民出版社 1975 年版,第 862 ~ 863 页。

酬递增，产出若也为原来的两倍，则称为规模报酬不变，产出若低于原来的两倍，则称为规模报酬递减；规模经济是针对经营规模与成本间的关系，当产出为原来的两倍，而成本投入低于原来的两倍时，称为规模经济，反之称为规模不经济。规模经济理论用以解释规模报酬不适用，即投入要素不再是同比例变化的情况，并且规模经济偏重于研究不同生产要素投入组合及其效率，而规模报酬更侧重于经济活动的最佳经济效益。考虑到本书的研究重点是在农户自由灵活地配置要素投入组合的前提下，测度农地规模经营的生产效率，因而本书选择规模经济理论作为理论支撑。

规模经济的思想最早由亚当·斯密提出，他指出通过规模效益和分工，能够提高劳动生产率。马歇尔（1890）在《经济学原理》中阐述了规模经济的变化规律，并且还区分了"内部规模经济"和"外部规模经济"的概念。内部规模经济理论是指随着生产规模的扩大，专业化程度和固定资产的利用程度随之提高，平均成本随之下降，当平均成本最低时，达到最佳规模；而规模接着继续扩大，平均成本又会随着生产规模的扩大而上升。外部规模经济理论是指在其他条件相同的情况下，整个行业相对集中形成外部规模经济，有利于单个厂商的规模收益递增，因而行业规模较大的地区比行业规模较小的地区生产更具有效率。马克思认为大规模农业生产更具有优势，新技术和机器只有在大规模耕种时才能被充分利用。总的来说，规模经济是指在既定的技术条件下，生产的平均成本随规模的扩大而下降。原因在于固定成本可以随着规模的扩大，尽可能地分摊到增加的产出上，从而带来总成本的下降；并且规模扩大后的专业化生产优势能够提高生产效率。但规模并非越大越好，当规模超过最佳经营规模时，继续扩大规模会使生产的平均成本随着产量的增加而增加，除此之外，还会出现生产效率下降、管理和组织困难等情况，导致规模不经济现象。

在农业生产过程中，要素投入组合是随机变化着的，并不一定等比例变化，规模经济理论对要素投入比例没有严格限制。具体来讲，农业生产中规模化经营主要表现为土地向少数农户集中，要素组合投入中劳动力投入不再占据主要地位，机械化投入比重增加。农户是生产经营决策的最基本的单位，是一种由家庭成员组成的生产经营组织，其目标具有高度的一致性，作为有限理性经济人，行为决策是以经济利益最大化为目标，体现在农业生产中就是选择成本低的要素投入组合实现产出最大化。而异质性农户拥有的资源禀赋条件不同，经营的耕地面积也不同，其进行经营决策时将获取最大化的经济利益作为行动目标，在该目标的指引下进行规模经营，获得规模经济。

2.2.5　农户行为理论

根据不同的农户行为决策目标，当前关于农户行为理论大致可以分成三个流派：非市场条件下的小农理论、完全市场条件下的小农理论及以中国特殊国情为背景的小农理论。

非市场条件下的小农理论以苏联经济学家亚历山大·恰亚诺夫（Alexander V. Chayanov）为代表，以边际主义的"劳动－消费均衡"理论和"生物学"家庭生产周期理论为核心，侧重于研究农业经济结构和家庭农场生产组织等问题。该流派认为小农进行生产活动是为了家庭消费，满足家庭基本的生存和生活需要，基本等同于自给自足的自然经济。农户的劳动生产追求的是风险最低而非是市场利润最大化。当农户劳动生产不能满足家庭需要，即使边际收益低于市场工资水平，农户仍会继续投入劳动力进行生产活动；当农户劳动生产满足家庭需要，即使市场未达到均衡，继续投入劳动能继续获得收益，农户并不会选择继续生产，因而小农经济是保守、非理性、低效率的。小农的最优选择取决于自身的消费满足与劳动程度间的均衡，而非对成本收益的比较。美国经济学家斯科特（Scott，1976）在此基础上提出"道义经济"命题，认为小农经济基于"安全第一"的原则，小农坚守强烈的生存取向，会规避经济风险，不会冒险追求平均收益的最大化。霍布斯鲍姆

（Hobsbawm，1980）认为随着市场经济的不断发展，农户间的差别不仅仅是由农户家庭消费者与生产者不同引起的。马克思指出①，即使是在市场经济不发达的时代，依然会有一些超经济力量，例如政治特权、人际关系等因素影响着农户分化。因而恰亚诺夫的理论基础存在一定问题。

完全市场条件下的小农理论，也被称为理性小农学派，以美国经济学家舒尔茨为代表，以其著作《改造传统农业》为标志，沿用西方形式主义经济学关于对人的假设，提出小农与其他市场经济主体一样，都是"经济人"，其生产活动的目的是实现利润最大化，在其进行生产要素配置过程中符合帕累托最优原则，鲜有表现出低效率的情况。传统经济学以"非理性小农"为假设前提，而理性小农学派则强调小农的理性动机。小农户能够有效配置和合理使用他们拥有的资源，包括物质资本、人力资本、资金资本等，追求利润最大化的生产经营活动。此时，农户的生产要素投入能够实现效益最大化。据此，该学派的主要论点是，在传统农业生产中，农户使用的各种生产要素少有投资收益率低下的情况，而传统农业增长的停滞，不是因为农户生产积极性不够、生产效率低下和竞争不足的是市场经济，而是因为传统农业边际投入下的收益递减。只要确保组织和市场中合理成本下的现代生产要素的供给，农户生产积极性会被再次调动，毫不犹豫地成为最大利润的追求者。整体来看，该学派认为小农是兼顾生计需求和最大利润的理性生产者。

以中国农村为研究背景的小农理论，也被称为历史学派，是在综合分析"理性"与"非理性"学派的观点后提出的（王洪丽，2018）。代表人物是黄宗智，他认为中国的农民既不完全是恰亚诺夫式的生计生产者，也不是舒尔茨论述的利润最大化追求者，他提出要将追求利润最大化的企业行为理论和追求效用最大化的消费者行为理论结合起来以分析小农的动机与行为，中国小农为了满足生计需求，增加在既定耕地面积上的总产量，即使"过密化"，

---

① 马克思：《资本论》（第三卷），人民出版社 1975 年版。

劳动力边际报酬达到最低,仍会继续从事生产(黄宗智,1986)。第十届诺贝尔经济学奖获得者赫伯特·西蒙(1988)同样认为,人是"有限理性"的,也就是说小农在进行生产活动过程中是理性的,但由于主客观条件的限制,小农的理性又是有限的。该学派认为由于缺乏边际报酬的相关概念,致使小农无法察觉边际报酬低下的实际情况,因而即便是边际效率低下,小农还会继续投入生产要素,这种不经济现象的原因并非小农是非理性经济人;换句话说,倘若小农知道自己从事的生产活动回报率低下,是不经济的,那么小农会立刻停止生产经营行为。在小农能够觉察环境条件变化的前提下,小农的生产经营决策会随着内外部环境条件的变化而变化,所以,农户行为是有条件的"理性"选择的结果。

当前较为成熟的农户行为理论学派中,以黄宗智为代表的有限理性小农是在研究中国农业基础上提出的,更加符合本书的研究对象。若农户认为参与规模经营是有利可图的,那么农户会毫不犹豫地进行土地流转,进行规模经营。因此,在农户行为理论的指导下,本书认为农户是有限理性经济人,在进行土地流转、参与规模经营时,是通过充分考虑当前生产的成本与收益、扩大经营规模是否能够使自己利益最大化而作出的判断。

2.3 基础理论在农村土地规模经营研究中的应用

2.3.1 制度变迁理论与农地规模经营

制度变迁理论以是否实现制度均衡为标准,随着时间的变化,会产生一种效率更高的制度对另一种制度的替代。新制度的创立、变更或替代现有制度的过程是由于制度的非均衡状态所致。土地制度是中国农村经济的基础性制度，农民对土地历来有很强的依赖性，这种人地关系决定了土地对农民兼具生产资料和福利保障功能。新中国成立至今我国农村土地制度变迁的历程和演化规律，呈现出渐进式、路径依赖式的演化模式，具有诱致性制度变迁和强制性变迁相结合的演进规律。改革开放以后，家庭联产承包责任制实现了农村土地的"两权分离"（即"集体所有权"和"承包经营权"的分离），其本质是按人口均分土地、以家庭为单位分散经营，实现了社会的公平。随着城乡社会和经济结构发生的巨大变化，家庭联产承包责任制的局限性逐渐显露。农村土地"三权分置"制度改革以农户分化发展为现实背景，遵循了农村土地制度变迁的演进规律，采用"所有权—承包权（成员权）—经营权（用益物权）"的赋权路径，符合诱致性制度变迁的逻辑。因此，根据制度变迁理论来分析"三权分置"制度背景下农户土地规模经营问题，对于探讨制度变迁对农村土地规模经营的影响机理具有重要的理论意义。

2.3.2 土地产权理论与农地规模经营

从产权理论可以看出，土地制度的核心问题是土地产权问题。任何产权都要有明晰的边界，产权制度的效率高低在于其安排是否能够通过降低交易费用、提高收益预期等方式激励经济发展。因此，如何调整产权结构，最大限度地协调农村土地"公平"与"效率"的统一，实现农村土地产权的制度化配置已成为农村经济社会发展关注的重点问题，也是国家相关政策制定与改革的基本方向。产权是一束权利，具有可分割性特点，细分产权关键在于确定产权主体的权益边界（Brazel，1989），所实现的一个最重要功能就是"减少不确定性和降低风险"（卢现祥，1996）。"三权分置"制度的本质在于放活经营权后，各产权主体（政府、农村集体、承包户、各类经营主体）之间调整权利和利益关系，不断追求土地资源收益最大化的过程。可以说，"三权分置"是解决当前农地"产权困境"的有效探索，符合产权激励的内在要求是当前经济发展新常态下建设现代农业的创新实践。因此，产权理论对农村土地适度规模经营的实践路径研究具有不可或缺的指导作用。

2.3.3 马克思地租理论与农地规模经营

马克思地租理论是以劳动价值论、生产价格论和剩余价值论为基础，科学阐述了地租、地价的本质，明确指出土地所有权在经济上的实现，创立了级差地租、绝对地租等概念。马克思地租理论是研究土地问题的基础理论之一。地租理论中比较系统地回答了地价的形成、地租的产生及构成等问题，沿用"土地价值二元论"思想，认为附加在土地上的劳动及投资部分是商品，可以进行交易。该理论对我国农村土地使用权流转及农村土地资本化的含义界定具有很强的解释力和指导作用。

2.3.4 规模经济理论与农地规模经营

规模经营的理论基础是规模经济，规模经济的思想最早由亚当·斯密（Smith，1776）提出，他指出通过规模效益和分工，能够提高劳动生产率。在实际的农业生产过程中，要素投入组合是随机变化着的，并不一定等比例变化，规模经济理论对要素投入比例没有严格限制。具体来讲，农业生产中规模化经营主要表现为土地向少数农户集中，要素组合投入中劳动力投入不再占据主要地位，机械化投入比重增加。农村土地资本化有利于实现适度规模经营，它通过专业化、产业化、一体化兼具社会服务规模化的农业生产经营模式，从而实现了一种农业生产要素的规模聚合。具体表现为：一是有利于单个经济实体实现规模的增长；二是有利于实现产业集聚，扩大或集中整个产业的经营规模。这种由聚合规模产生的集聚效应促成了农业规模经济。具体到农地规模经营，其本质就是实现土地的流转，提高土地规模效率和利用效率，使农户获得收益的动态过程。虽然规模经济理论研究认为土地流转是有效率的，能够解决土地经营规模小、耕地细碎化的问题，农地的集约化、资本化发展是一种必然的趋势，但是在政府强调农业适度规模发展的初期，有学者认为生产技术存在"规模经济"的理论难以运用到农业生产中，在国内推行土地的适度化规模经营对农业现代化的发展并不显著。因此，近年来的许多研究开始辩证地看待农地规模经营，不再单方面持肯定或否定的态度，而是把农地规模经营作为农业供给侧结构性改革的关键一环，将农地规模经济与服务规模经济的融合发展作为农业经营方式转型的方向，鼓励发展因地制宜型的农地适度规模经营，将农地的适度规模经营作为乡村振兴的着力点。

2.3.5 农户行为理论与农地规模经营

农户行为理论是以行为经济学为基础，关注农户的异质性及特殊性，分析农户在农业生产过程中所涉及的经营行为、投资行为以及消费行为等。在既有研究中可以发现，农户行为理论可以分为三种小农学派理论，其中以舒尔茨（Schultz）为代表的理性小农学派和以黄宗智为代表的综合小农理论为主要研究对象。农户模型（Agricultural Household Model）是描述农户各种行为及其内在关系的经济模型，其原理和一般均衡模型趋同。农户模型被广泛地用来分析和模拟农户的行为决策，包括经营行为、投资行为、劳动力供给行为等。随着农户行为模型的不断改进及拓展，在农业经济领域被较多运用于分析农户行为决策并深入挖掘影响农户决策的因素，主要涉及个体特征、家庭特征、制度因素等方面对农户决策的影响。基于农户行为理论，农业生产主体（承包户、土地经营主体等）都是理性经济人，其经济活动的发生旨在追求自身利益最大化。然而鉴于土地是一种特殊的商品，当其作为商品进行流动或交易时，农民的理性原则是以安全（或保障）为首要考虑因素，进行经济交易的诱因是生存伦理而非经济理性（Scott，1976）。对于农户而言，是否流转土地进行资本化运作是由农地制度安排、土地比较优势及土地经营的收益预期决定的，而收益预期是主要诱因。因此，农户仍然是在一定资源与经济环境约束下追求收益最大化的个体。农户行为理论对于从根源上探讨农户行为决策的各种影响因素提供了很好的解决思路和方法。

基于"三权分置"制度背景下农地规模经营的问题，以上理论为本书的问题解决和深入研究提供了很强的理论解释和指导作用。因此，根据这些理论来分析产权细分下的农地规模经营的运行机理、绩效以及政策优化等研究大有裨益。本书将综合运用以上理论，从理论和实证两条路径对"三权分置"制度下农村土地适度规模经营问题进行系统研究。

2.4 本章小结

本章首先对农地规模经营的相关核心概念进行了界定，具体包括农村土地、农地规模经营、农地"三权分置"制度和农地资本化。其次，根据研究需要，梳理了对本研究具有重要指导意义的相关理论，包括制度变迁理论、土地产权理论、马克思地租理论、规模经济理论、农户行为理论。最后，本章对上述理论在研究中的适用性展开分析。

第 3 章

农地制度变迁逻辑及其对土地
规模经营的影响分析

农地制度影响农业经济发展，进而影响农户行为决策。因此在分析农户土地规模经营行为决策之前，本章先对相应的农地制度发展及变迁过程进行深入分析。鉴于农村土地"三权分置"制度改革的本质是对农村土地要素进一步优化配置，考虑到农地流转的多重属性，采取"所有权—承包权（成员权)—经营权（用益物权)"的赋权路径，通过权利分层和细分方式，兼顾农村土地社会属性、经济属性和意识形态属性，为有效促进农地规模经营，发展适度规模经营提供良好的制度环境。在此基础之上，本章进一步分析农地"三权分置"制度对土地规模经营的影响。

3.1 新中国成立后农地制度变迁逻辑：
由"两权合一"到"三权分置"

新中国成立之初农地制度变迁呈现出以中央政府为主导，由强制性向诱致性过渡的特点（韩德军、朱道林，2013），而制度变迁的实质从长期来看是对制度内含的产权安排所做的调整（诺思，2008）。因此，中国农地制度变迁实际上也是一个农地产权变迁的过程。梳理相关文献发现，中国农地产权经历了由"产权合一"到"产权分离"的历史演变（郭忠兴、罗志文，2012），具体来说，中国农地产权制度历经"两权合一"到"两权分离"再到"三权分置"的历史变迁（冀县卿、钱忠好，2019）。

3.1.1 农地"两权合一"的制度安排

"两权合一"是指农地集体所有权与农地使用权都归集体所有，即农地集体所有、集中经营的制度安排（冀县卿、钱忠好，2019）。中国的农地产权制度是发展战略与约束条件组合背景下，利益相关者围绕土地资源配置而交互作用的产物（高帆，2018），并不是单独存在和自发形成的，"两权合一"也是在特定的发展环境下形成的。新中国成立后，为了改变新中国落后局面，实现落后农业国向工业国的结构转型，党领导农民进行了社会主义大试验（刘守英，2022）。1949～1952 年，中央在综合考虑主要矛盾和借鉴历史经验的前提下，进行了土地改革；1953～1955 年是互助组、初级社等一系列社会主义改造下的农业互助合作时期；1956～1962 年实行高级社和人民公社制度（丰雷等，2019）。至此，农地集体所有权与农地使用权"两权合一"的农地制度得以确立。"两权合一"制度保证了中国工业化和城市化发展所需的资金，推动中国生产力水平的发展，但由于缺乏有效的监督和激励，造成农业生产效率十分低下（钱忠好，1999）。

人民公社时期的"两权合一"制度，实现了农村土地从农民所有制向集体所有制转变（高帆，2018）。集体所有制迎合了国家优先发展重工业的战略导向，因此国家利用集体化体制大量将农业剩余转化为工业积累（刘守英，2022），为工业发展提供了资金支持。

3.1.2 农地"两权分离"的家庭承包制：对土地福利保障功能的强化

1978 年农村土地制度改革之前，"两权合一"①的农村土地集体化既是消灭土地私有的政治需要，又是国家获得工业化发展所需原始资本的经济需要（罗必良，2013）。但是，土地利用的长期低效率以及经济的持续低迷与食物短缺，使家庭联产承包责任制在 20 世纪 80 年代初得以实行并确立，并释放了巨大的制度优势。

家庭联产承包责任制实现了"集体所有权"和"承包经营权"的分离，其本质是按人口均分土地、以家庭为单位分散经营，实现了社会的公平。农村集体作为土地所有权主体向承包户发包土地，承包户是土地的承包者和经营者，在土地二级产权结构层面，承包户具有占有权、使用权、收益权和处分权（如图 3 – 1 所示）。事实证明，"两权分离"的土地产权制度的变革，极大地调动了劳动者的生产积极性，促进了农村生产力的快速发展，实现了粮食产量稳定持续增长。

---

① 人民公社时期"两权合一"中的两权主要体现为土地所有权与经营权。

图 3 - 1 "两权分离"土地产权结构示意

土地对农户而言，兼具生产资料与福利保障的双重功能。一方面，由于城乡二元经济结构使大量的农村人口滞留农业，人多地少的现象时有发生，必然导致土地的"福利化"；另一方面，国家经济能力一时难以承担农民的社会保障，这更加强化土地的福利保障功能。因此，只要土地具有保障的价值，农户就会将其保留并视为一种"福利"。家庭承包制是在保持所有权不变的前提下，经营主体由"集体"转变为"承包户"，表现出"家庭经营"的特点。其制度含义并非简单主体的替代，而是土地产权制度的巨大变革，具体表现为：第一，以集体成员身份获得的"承包经营权"，可以视为一种"准所有权"（罗必良，2014），承包户因此获得了土地的财产性权利。相较于"两权合一"，承包户获得独立的经营权，从而发挥了产权的排他性，大大提高了生产积极性。第二，产权细分改善了产权效率，降低了生产决策失误的可能性以及因劳动监督成本过高导致的偷懒或生产性努力不足的机会主义行为，有效弥补了"人民公社"的效率缺陷。由此可见，以家庭为单位的承包经营具有天然的合理性（中国农村发展问题研究组，1984）。第三，分离出的"承包经营权"为进一步的产权细分奠定了基础，也为"三权分置"提供了产权配置的潜在空间。总而言之，"两权分离"的家庭承包经营的制度目标更多体现的是社会的公平以及土地的福利保障功能，而忽视了土地资源配置效率的进一步改善。

3.1.3 农地"三权分置"制度的内在逻辑：兼顾"公平"与"效率"

随着工业化、城镇化发展进程的加快，城乡社会和经济结构也随之发生巨大变化。然而，家庭联产承包责任制的局限性逐渐显露。其一，"一家一户"承包经营制的零分碎割带来效率损失（王秀清，2002；Dijk，2003；何秀荣，2009），严重抑制了农业集中化、规模化生产以及现代生产技术的采用（林毅夫，2010）。其二，大量农村劳动力转向城镇，农户兼业化、非农化趋势明显加大，农村土地抛荒弃耕现象显著（廖洪乐，2012；孙中华，2016），主要表现为"人动地不动"，从而导致人地关系的扭曲与人地资源的配置不足。其三，"均分制"的土地承包经营关系，使得承包户具有天然的"产权身份垄断"，加之农地的"限制性市场流转"，农地难以实现融资以获取产业化发展资本（张曙光，2012；胡新艳等，2016）。低下的农业经济效益，使其发展落后于二、三产业，城乡比较收益差距不断扩大，农民增收、农业提效在土地经营规模和产业融资上受到了严重制约（郭晓鸣，2011）。于是，为了解决农村土地"谁来种，如何种"以及优化配置土地资源等问题，需要通过调整农村土地产权结构，将承包经营权进一步细分为农地承包权与农地经营权，实现农地使用权的有效流动（张红宇等，2016）。值得注意的是，"三权分置"中承包权和经营权的分离，并不意味着对土地所有权的弱化，而是一如既往地坚持农村集体的发包权，对承包户退回土地的收回等权利。因此，"三权分置"成为农村土地产权制度改革的创新点，旨在通过引导农村土地经营权规范有序流转，允许土地经营权抵押贷款，进而发展规模经营。

"三权分置"制度是在坚持土地集体所有权不变的基础上，遵循"权能分离"理论，将承包经营权中具有交换价值和使用价值的权能分离出来形成土地经营权（肖卫东，2016），土地经营权作为一种衍生产权，与承包权形成两种独立的权利形态。农户从村集体承包土地，再将土地流转给新的经营主体并获得租金（权能关系如图3-2所示）。新制度经济学认为，产权的本质在于界定不同主体获取资源收益的权利准则（Furubotn and Pejovich，1972），产权细分并允许产权的自由转让，则产权主体可以在产权约束范围内获取资源有效配置的最大收益（罗必良，2013）。因此，农村土地制度从"两权分离"到"三权分置"符合诱致性制度变迁的逻辑，制度本身具有渐进性、自发性和经济性特点。其本质在于放活经营权后，各产权主体（政府、农村集体、承包户、各类经营主体）之间调整权利和利益关系，不断追求土地资源收益最大化的过程。可以说，"三权分置"是解决当前农地"产权困境"的有效探索，符合产权激励的内在要求，兼顾社会"公平"与"效率"，是当前经济发展"新常态"下建设现代农业的创新实践。

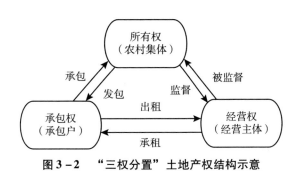

图 3 - 2 "三权分置"土地产权结构示意

"三权分置"制度是继家庭联产承包责任制后中国特色社会主义的重大制度创新（张红宇，2017），是当前农地制度改革的核心制度（向超、张新民，2019）。学界从多个视角对其含义进行了探究和解读，主要集中在产权理论视角和物权理论视角（肖卫东、梁春梅，2016），也有学者从经济学逻辑和法学逻辑来解释"三权分置"制度。"三权分置"制度并不是对"两权分离"制度的否定和替代，而是对"两权分离"制度的延伸和提升（尹成杰，2017），是我国农地基本经营制度的重要完善。"三权分置"不是将土地承包权经营权简单拆分为承包权和经营权，而是对农民集体所有权及其支撑的农民集体经济实现方式的重构（高富平，2016）。刘守英（2014）也提出"三权分置"就是要重构农村土地集体所有权、使用权、转让权权利体系。

"三权分置"是在农村集体所有制下，兼顾了国家、集体、农民多元利益，相对费省效宏的制度安排（张红宇，2014）。肖卫东和梁春梅（2016）则从现代产权理论视角分析中国农村土地产权的历史演变，并从物权理论视角分析中国农村土地的物权结构，在此基础上将"三权分置"定义为在坚持农村土地集体所有制的基础上，将具有市场交易属性、使用价值和交换价值的权能从土地承包经营权中分离出来形成土地经营权，并促使农村土地集体所有权、土地承包经营权的"二元产权结构"向集体所有权、农户承包权和土地经营权的"三元产权结构"转变的现代农村土地产权制度。还有学者认为"三权分置"是在原有所有权和承包权的基础上，通过经营权流转提高土地配置效率，保障城市化进程中农民退回农村的"安全阀"（高帆，2018）。还有学者从法律视角阐释"三权分置"制度的内涵。孙宪忠（2016）认为"三权分置"就是在现有法律已经承认的集体土地所有权、土地承包经营权的基础上，新设"土地经营权"。此外，还有学者将"三权分置"视为政治系统的产物，认为其是对农村集体土地权利的重新分配（黄健雄、郭泽喆，2020）。吴一恒等（2018）也认为"三权分置"制度的内涵是土地经营权在不同主体之间的再分配。

总而言之，中国农地制度变迁呈现出路径依赖特性（冀县卿、钱忠好，2019），从"两权合一"到"两权分离"再到"三权分置"是一个不断创新升级的过程。在农地制度变迁过程中，农民产权逐渐得到强调和保护，实现了"土地权利之所有"到"土地权利之所用"的转变，农户所享有的土地权利也经历了从无到有，权利期限由短到长，权能数量由少到多，权能内容日趋完善的演变过程（郭忠兴、罗志文，2012）。

3.2 "三权分置"制度与土地规模经营的关系逻辑

3.2.1 逻辑线索：产权细分、功能让渡与资本化运作

随着经济社会的发展以及城市化、工业化进程的加快，农村剩余劳动力从农村转移到城市，不仅缓解了我国农业生产"人多地少"的矛盾，同时也引发了农业由劳动密集型产业向资本密集型或技术密集型产业转向的需求。这种"人动地不动"的状况势必会推动对土地资源的重新配置，尤其是如何释放农村土地社会保障功能所形成的流转约束，是值得格外关注的课题。

沿着"三权分置"制度变迁路径，其核心内容在于将土地权利束进一步细化与分割，使得细分后的土地经营权在不同主体之间再分配，并进一步加强对经营权的保护力度。而农地资本化就是"三权分置"制度的实践形式，旨在实现土地经营权的有偿转让，并依据供求关系和价格机制，进行市场化运作，促使土地资源的流动与增值，提高土地规模效率和利用效率，最终使农户获得收益的动态过程，从而实现土地由福利保障功能向财产性功能过渡（关系如图 3-3 所示）。

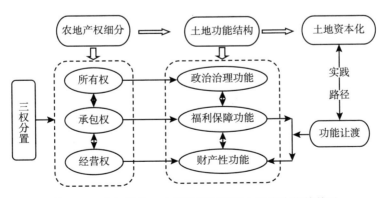

图 3-3 产权细分、功能让渡与农村土地资本化的关系

党的二十大报告提出"深化农村土地制度改革,赋予农民更加充分的财产权益",2023年中央一号文件也明确指出"深化农村土地制度改革,扎实搞好确权,稳步推进赋权,有序实现活权,让农民更多分享改革红利"。可见赋权、强权和活权已成为中国农村土地制度改革的基本核心内容:依循"三权分置"制度的赋权内容,在坚持统分结合的双层经营制度的基础上,落实集体所有权、稳定农户承包权、放活经营权。然而盘活经营权不仅仅是一个流转的概念,关键是经营权的产权细分并诱导农业的纵向分工(罗必良,2015)。

从土地功能结构来讲,新中国成立初期,尤其在1952年进行土地改革完成后,人民公社制度的初始安排多是出于政治的需要,更多体现的是政治治理功能。实行农村土地集体所有制的初始制度安排既可以满足政府的经济需要(确保农民从事农业生产),又可以为行政计划提供有效的制度形式(政治治理需要)。20世纪70年代末80年代初的家庭联产承包责任制以土地均分为特征,对土地产权再细分,实行"两权分离",农民在确保对国家的上缴和以户为单位承担经营责任的同时,取得了农地的长期使用权以及上缴之余的收益的剩余索取权。对于农民而言,土地兼具生产资料属性和社会保障功能。随着农村剩余劳动力在城乡之间自由流动,人地矛盾逐渐松动,农地的社会保障功能逐步弱化。"三权分置"制度安排旨在促进农地的福利保障功能向财产性功能让渡,而农村土地资本化已成为农民增收、农业增效的实践途径,是农村经济发展的驱动力。

3.2.2　逻辑拓展:动态演变、资本化运作与经营规模匹配

通常来说,农村土地流转促使土地从低效者流转到高效者,提高了土地资源的配置效率。农户在保证获得土地流转租金的同时,从农业经营中解放出来,转向从事非农就业。然而,产权细分对实现农村土地资本化的影响机

理遵循以上"产权细分—功能让渡—农地资本化运作"的逻辑线索,那么产权细分如何促使农地资本化实现土地福利保障功能向财产性功能让渡?这可以通过经济学的均衡模型进行揭示。

基于经济学理论,农业生产主体(承包户、土地经营主体①等)都是理性经济人,其经济活动的发生旨在追求自身利益最大化。然而鉴于土地是一种特殊的商品,当其作为商品进行流动或交易时,农民的理性原则以安全(或保障)为首要考虑因素,进行经济交易的诱因是生存伦理而非经济理性(Scott,1976)。因此,西蒙(Simon)提出了"有限理性经济人"的假设,其核心内容是,在有可选择的替代方案和明确效用函数前提下,经济主体能够按照优先次序排列每个方案的可能结果。受主观能力和客观条件限制,经济主体往往是在"有限理性"条件下获得"优化解决方案"(耿宁、李秉龙,2016)。基于"有限理性经济人"假设为研究前提,对于农户而言,是否流转土地进行资本化运作是由农地制度安排、农户资源禀赋及土地经营的收益预期决定的,而收益预期是主要诱因。因此,农户仍然是在一定资源与经济环境约束下追求收益最大化的个体(罗必良,2012)。

为分析方便起见,假定土地流转市场上有两个主体(土地承包户和土地经营者),对土地经营者而言,假设在现有技术条件下,产量与农地经营规模成正比,土地规模设为 $q \in \Omega = \{q^0, q^*\}$,其中 $(0 \leq q^0 \leq q^*)$,因此,土地经营者的效用函数为 $U(q)$,q 为流转土地规模,则 $U(q)$ 为土地经营规模的凹函数,$U'(q) > 0$,$U''(q) < 0$,即农地经营规模越大,其所带来的效用越大,但随着经营规模的不断增加,其带来的效用的增量是减少的,这也符合土地资源的适度规模经营论。与此同时,土地经营者从承包户处将土地承租过来,需要支付一定的土地租金。因此,土地经营户的收益函数为效用函数和支付成本(土地租金或转让费或分红)构成,其收益函数可以表示为

---

① 农业经营主体主要包括家庭农场、种粮大户、农业企业、专业合作社等经济组织。

$R(q, p) = U(q) - P$，P 为土地支付成本（土地租金）。对土地承包户而言，假设务农的净收益 $R^* = R^0 - C^0$，R^0 为农业生产收益，C^0 为务农的机会成本。只有当获得租金收入 P 大于务农的净收益 R^* 时，承包户才有流转土地的意愿。

因此，为了分析产权细分对实现农村土地资本化的影响机理，现将土地制度安排分为两个阶段，第一阶段为"两权分离"阶段，由于承包经营权"限制性市场流转"的特点加之被强化的土地福利保障功能，承包户转出土地的意愿并不强，点 $A(P_1, Q_1)$ 为市场均衡点（如图 3-4 所示），即效用曲线和收益曲线的切点。或者说土地的租金收入难以满足承包户流转土地的预期收益，承包户"惜地"情结比较严重。第二阶段为"三权分置"阶段，放活经营权，充分发挥市场机制的作用，鼓励农户将土地流转从而获得更高的租金收入。此时，对于土地经营者来说，随着流转土地规模的增加，其效用曲线由 U_1 右移至 U_2，从土地经营者的收益曲线 $R = U(q) - P$ 可知，土地流转规模可以提高经营者效用。因此，理性的土地经营者将选择提高土地租金 P 以获取更多的收益，点 $B(P_2, Q_2)$ 为"三权分置"后形成的市场均衡点。显然，$P_2 > P_1$，但这个租金 P_2 并非农户流转土地的直接经济诱因，还要考虑 $P_2 - R^0 + C^0 > 0$。

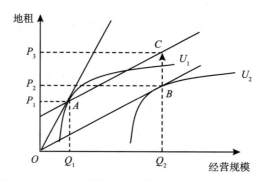

图 3-4　农村土地资本化功能让渡的动态演化路径

现实情况是，农村土地资本化的市场配置是一种方式，但多数情况表现为政府主导土地资本化运作。政府参与的主要考虑是：兼顾效率和农民利益。为了促进土地流转，提高土地经营者的种粮积极性，国家和政府通过各种补贴的形式（如国家种粮补贴和地方农地流转补贴①）增加土地经营者的利润水平，在图 3-4 中直接表现为 B 点移至 C 点，其中两点之间的效用差额为"利润租金"。因此，在确保农地经营者获取稳定的利润的同时，增加了农户土地财产性收益，进而使得土地在流动的过程中实现了资本增值。

3.3 本章小结

"三权分置"制度是在坚持土地集体所有权不变的基础上，将承包经营权中具有交换价值和使用价值的权能分离出来形成土地经营权，是土地产权的进一步细分，也是我国现行土地产权制度改革创新的核心切入点。本章主要从制度变迁的角度，对新中国成立之后的农地产权制度变迁进行梳理，主要内容体现为：

（1）从产权效率的视角，始于 20 世纪 80 年代的家庭联产承包责任制，实现了"两权分离"并释放出巨大的制度优势，并解决了"两权合一"（"两权合一"是指人民公社时期的土地所有权和经营权）背景下土地利用的长期低效率及食物短缺的难题。

（2）从土地功能让渡视角，"三权分置"制度不但缓解了农地"谁来种，如何种"的问题，而且一定程度上抑制了农地撂荒弃耕以及人地资源配置效率低下的问题。因此，为了优化农村土地配置问题，实现农业规模经营，农

---

① 例如：2013 年山东省财政厅和农业厅下发的《关于拨付 2013 年种粮大户补贴资金并做好相关工作的通知》规定，对种植面积 150 亩以上、1000 亩以下的大户给予补贴；种植面积超过 1000 亩的，给予定额补贴。

地"三权分置"通过改革土地产权结构，对承包经营权进一步细分来实现土地经营权的有效流动。

（3）"三权分置"制度与农地规模经营的逻辑关系主要体现为两个方面：一是"三权分置"制度安排旨在促进农地的福利保障功能向财产性功能让渡，进而推进农地资本化，实现农民增收与农业增效。二是产权细分、要素禀赋与土地经营规模相匹配。产权细分促进了农村土地资本化运作，而农地资本化通过专业化、产业化、一体化的生产经营模式，对土地资源的重新配置，从而形成了新的农业聚合规模。

| 第 4 章 |

我国农村土地规模经营的
发展现状分析

本章首先利用农业农村部和第三次全国农业普查的数据，对全国农村土地规模经营以及农村土地资本化发展情况的现实特征进行了描述，以期反映现阶段农村土地规模经营与农地资本化的概貌与特征。其次，基于 2018~2020 年课题组在山东省调研的数据以及中国土地经济调查（China Land Economic Survey，CLES）数据库，从微观层面更为具体地描述当前农村土地规模经营与农地资本化的发展情况，为后文进行实证分析提供数据支撑。

4.1 我国农村土地规模经营相关政策演进与发展历程

4.1.1 我国农村土地规模经营的政策演进

以家庭经营为基础的小规模农业生产模式是中国几千年来农耕系统的主导模式。历史上关于小型家庭农场的界定可以追溯到春秋战国时期。自汉唐起至清朝末年，由于人地矛盾问题突出，中国古代农业形成了以节约土地和增加劳动投入为特征的精耕细作的生产模式，且这种模式延续至今（张新光，2008）。19世纪末到20世纪初期，劳均耕地面积达到25亩以上的经营面积占总耕地面积的10%左右，其余耕地由劳均耕地面积不足10亩的小规模家庭种植（黄宗智，2010），这和现阶段第三次农业普查的结果有些相似。第三次农业普查数据显示，我国小农户数量占农业经营主体的98%以上，小农户经营耕地面积占总耕地面积的70%，经营耕地10亩以下的农户达到2.1亿户。可见，以小农户为主的家庭经营仍然是我国农业的基本经营形态，"大国小农"的基本国情可能在未来相当长的时期存在。

通过对改革开放以来的相关政策文件进行梳理，表4-1展示了历年关于农地规模经营相关政策文件以及主要内容。从我国农地规模经营的政策演进来看，大致具有以下几个阶段性特征。

表4-1   改革开放以来我国土地规模经营相关政策与内容

年份	政策文件名称	主要内容
1984	《中共中央关于一九八四年农村工作的通知》	继续稳定和完善联产承包责任制，延长土地承包期，帮助农民在家庭经营的基础上扩大生产规模，提高经济效益

续表

年份	政策文件名称	主要内容
1986	《中共中央关于一九八六年农村工作的部署》	鼓励耕地向种田能手集中，发展适度规模的种植专业户
1987	《把农村改革引向深入》	有计划地兴办具有适度规模的家庭农场或合作农场
1990	《中共中央关于制定国民经济和社会发展十年规划和"八五"计划的建议》	因地制宜，采取不同形式实行适度规模经营
1993	《中共中央关于建立社会主义市场经济体制若干问题的决定》	允许土地使用权依法有偿转让。采取转包、入股等多种形式发展适度规模经营
1994	《关于稳定和完善土地承包关系的意见》	建立土地承包经营权流转机制
1996	《中共中央 国务院关于"九五"时期和今年农村工作的主要任务和政策措施》	建立土地使用权流转机制，在具备条件的地方发展多种形式的适度规模经营
1998	《中共中央关于农业和农村工作若干重大问题的决定》	稳定完善土地承包关系。发展多种形式的土地适度规模经营
2001	《中共中央关于做好农户承包地使用权流转工作的通知》	农户承包地使用权流转必须坚持依法、自愿、有偿的原则。农村土地流转应当主要在农户间进行
2003	《中共中央关于完善社会主义市场经济体制若干问题的决定》	农户在承包期内可依法、自愿、有偿流转土地承包经营权，完善流转办法，逐步发展适度规模经营
2005	《中共中央 国务院关于进一步加强农村工作提高农业综合生产能力若干政策的意见》	承包经营权流转和发展适度规模经营，必须在农户自愿、有偿的前提下依法进行，防止片面追求土地集中
2008	《中共中央关于推进农村改革发展若干重大问题的决定》	加强土地承包经营权流转管理和服务，建立健全土地承包经营权流转市场，按照依法自愿有偿原则，允许农民以转包、出租、互换、转让、股份合作等形式流转土地承包经营权，发展多种形式的适度规模经营
2010	《中共中央 国务院关于加大统筹城乡发展力度进一步夯实农业农村发展基础的若干意见》	加强土地承包经营权流转管理和服务，健全流转市场，在依法自愿有偿流转的基础上发展多种形式的适度规模经营
2012	《中共中央 国务院关于加快推进农业科技创新持续增强农产品供给保障能力的若干意见》	按照依法自愿有偿原则，引导土地承包经营权流转，发展多种形式的适度规模经营，促进农业生产经营模式创新。健全农业标准化服务体系

续表

年份	政策文件名称	主要内容
2013	《中共中央 国务院关于加快发展现代农业进一步增强农村发展活力的若干意见》	坚持依法自愿有偿原则，引导农村土地承包经营权有序流转，鼓励和支持承包土地向专业大户、家庭农场、农民合作社流转，发展多种形式的适度规模经营
2014	《关于引导农村土地经营权有序流转发展农业适度规模经营的意见》	在坚持土地集体所有的前提下，实现所有权、承包权、经营权三权分置，形成土地经营权流转的格局，大力培育和扶持多元化新型农业经营主体，发展农业适度规模经营。重点支持发展粮食规模化生产
2015	《关于加大改革创新力度加快农业现代化建设的若干意见》	坚持和完善农村基本经营制度，坚持农民家庭经营主体地位，引导土地经营权规范有序流转，创新土地流转和规模经营方式，积极发展多种形式适度规模经营，提高农民组织化程度。鼓励发展规模适度的农户家庭农场，完善对粮食生产规模经营主体的支持服务体系
2016	《关于落实发展新理念加快农业现代化实现全面小康目标的若干意见》	积极培育家庭农场、专业大户、农民合作社、农业产业化龙头企业等新型农业经营主体。支持多种类型的新型农业服务主体开展代耕代种、联耕联种、土地托管等专业化规模化服务
2017	《中共中央 国务院关于深入推进农业供给侧结构性改革加快培育农业农村发展新动能的意见》	大力培育新型农业经营主体和服务主体，通过经营权流转、股份合作、代耕代种、土地托管等多种方式，加快发展多种形式规模经营
2018	《中共中央 国务院关于实施乡村振兴战略的意见》	注重发挥新型农业经营主体带头作用
2019	《中共中央 国务院关于坚持农业农村优先发展做好"三农"工作的若干意见》	深化农村土地制度改革，保持农村土地承包关系稳定并长久不变，完善落实集体所有权、稳定农户承包权、放活土地经营权的法律法规和政策体系
2020	《中共中央 国务院关于抓好"三农"领域重点工作确保如期实现全面小康的意见》	重点培育家庭农场、农民合作社等新型农业经营主体，培育农业产业化联合体
2021	《中共中央 国务院关于全面推进乡村振兴加快农业农村现代化的意见》	推进现代农业经营体系建设。突出抓好家庭农场和农民合作社两类经营主体，鼓励发展多种形式适度规模经营。实施家庭农场培育计划，把农业规模经营户培育成有活力的家庭农场

注：资料收集整理时间截至 2021 年 12 月。

资料来源：农业农村部网站（http：//moa. gov. cn）。

（1）20 世纪 80 年代至 1990 年，关于农地的相关政策文件主要以培育规模经营主体为主，鼓励发展适度规模经营。这一阶段的农地规模经营相关政策主要强调适度规模经营，培育家庭农场、专业大户、农民合作社等生产经营主体。比如 1986 年《中共中央关于一九八六年农村工作的部署》中明确提出"鼓励耕地向种田能手集中，发展适度规模的种植专业户"。1990 年《中共中央关于制定国民经济和社会发展十年规划和"八五"计划的建议》中也再次强调"因地制宜，采取不同形式实行适度规模经营"。可见，农地规模经营发展已见雏形。

（2）1991～2013 年期间，关于农地的政策文件主要强调明晰土地权属关系、推动土地经营权流转。这一阶段，土地产权制度改革占据重要位置，土地规模经营以土地产权制度改革为动力，推动土地经营权流转。1994 年《关于稳定和完善土地承包关系的意见》中提出"建立土地承包经营权流转机制"，随后国家农业部门颁发多项文件强调农地有序流转的问题。

（3）2014 年至今，自农地"三权分置"制度提出以来，这一阶段的政策文件密集出台，主要强调"构建农业服务体系""发展多种形式规模经营"等主题。这一阶段，农业社会化服务成为农地规模经营的重点，鼓励开展多样化形式的规模经营服务。比如 2016 年《关于落实发展新理念加快农业现代化实现全面小康目标的若干意见》中提出："积极培育家庭农场、专业大户、农民合作社、农业产业化龙头企业等新型农业经营主体。支持多种类型的新型农业服务主体开展代耕代种、联耕联种、土地托管等专业化规模化服务。"可见，服务规模经营与土地规模经营的"双规模"经营将成为未来中国农业的主要模式。

4.1.2 我国农村土地规模经营发展历程

农村土地规模经营的历史进程，与中国的农地制度变迁紧密地联系在一起。因此，对于农地规模经营的研究需要置于农村土地制度变迁的大背景下，有利于系统全面的把握农地规模经营的变迁过程。新中国成立以后，我国农地规模变迁主要可以概括为四个阶段（见图4-1）。

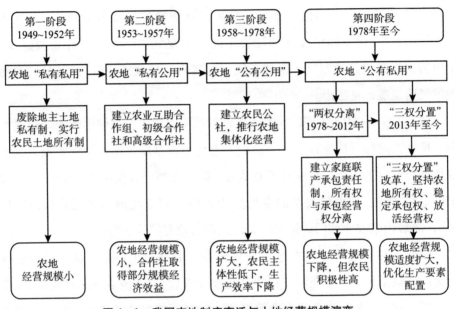

图4-1 我国农地制度变迁与土地经营规模演变

第一阶段是1949~1952年的土地改革确立农民土地所有制阶段。此阶段遵循"耕者有其田"的理念，1950年颁布的《中华人民共和国土地改革法》实现了农地强制性变迁，农民土地所有制替代了地主阶级土地所有制，原本失地的农户获得了相应的农用耕地。农民成为土地的主人，该阶段农村土地"私有私用"，农地经营规模较小。

第二阶段是1953~1957年的合作化运动阶段。1953年，第一轮土地制度改革基本完成，并通过《关于开展农业生产合作社的决议》，开展农业生产互助合作运动，从互助组到初级社再到高级社三个阶段，希望以农地集中的方式实现农业生产的规模化。互助组实行组内等价互利原则，劳动互助；初级社是农民将土地并入合作社获得股份，集体劳动，按比例分红；高级社的劳动组织形式是生产队，土地等生产资料归合作社集体所有，实现了农地集体所有制。该阶段农地"私有公用"，农地经营规模较小，但在生产力落后的情况下，促进了劳动力和土地的合理配置，农地经营获得部分规模经营效益。

第三阶段是 1958～1978 年的人民公社、农地集体经营阶段。1958 年中央作出《关于在农村建立人民公社问题的决议》，1962 年，颁布《农村人民工作条例修正草案》，组建了人民公社，形成了"三级所有、队为基础"的基本土地制度，统一生产经营，统一核算，全公社统一分配，农地"公有公用"。人民公社制度下，农民拥有的土地权利十分有限，但农地规模经营扩大，实现了规模经营。该阶段土地由集体所有，生产管理模式高度集中僵化，成员的劳动投入和收益并不等价，农民生产积极性被挫伤，"大锅饭"思想滋生、出工不出力的形式主义现象导致农业生产效率降低，在经济利益的引导下，部分省份农户开始探索以个人需求为动机的农地制度变迁，家庭联产承包责任制逐渐成为农村新的土地管理经营体制。

第四阶段是 1978 年至家庭联产承包责任制在全国的普遍推行阶段。土地承包到户，土地所有制依然为集体所有，将经营权下放到农户手中，农地"公有私用"。我国进入家庭联产承包责任制时期，农村开始实行家庭承包经营、统分结合的双层经营体制。农户拥有农地的经营使用权，中国农业增加值显著提高，1978～1988 年间平均每年以 8.04% 的速度增加。农民生产积极性空前高涨，农业生产绩效显著提高。

2014 年至今是农地"三权分置"阶段。2016 年国务院颁布的《关于农村土地所有权承包经营权分置办法的意见》对农村土地承包经营权进行划分，农村土地产权下农村集体享有农地的权利扩展为三项，即所有权、承包权、经营权，"三权分置"且同时进行，坚持农地所有权，稳定承包权、放活经营权。保护了土地经营权，优化配置了各项生产要素，促进农地规模经营适度扩大。目前我国沿用了这一农地制度，并且随时代发展逐步完善了农地法律制度。

4.1.3　我国农村土地规模经营的发展现状

　　中国自改革开放以来，由于"两权分离"所带来的制度红利，已经取得举世瞩目的成就。然而随着工业化和城镇化的发展，农村剩余劳动力从农村转移到城市，这给以户为单位的农业经营方式带来巨大压力，由此引发了土地要素的经营权流转。农村土地流转的发展具有民间性、自发性与渐进性特点。由最早的农户间自发的代耕代种，到1988年《土地管理法》中规定"农村集体土地使用权可以依法转让"，再到2002年《农村土地承包法》详细指明农村土地可以通过转让、转包、出租、互换等多种形式进行流转，并正式形成土地流转市场。2009年的中共中央、国务院颁布《关于促进农业稳定发展农民持续增收的若干意见》中对农村土地承包政策进一步明确，政府鼓励建设健全农村土地流转市场，实现适度规模经营。并且随着土地承包经营确权登记工作的开展，土地流转规模也有所增加。《中国农业发展报告》的数据显示，经营规模在50亩以上的农户数从2015年的356.6万户，增加到2019年的435.5万户，经营规模持续增加。从规模生产经营人员数量和结构来看（见表4-2），西部地区人数最多，其次为东部地区、中部地区和东北地区。规模生产经营人员中男性占比为52.8%。经营人员受教育程度在初中以上占比为65.8%，主要以种植业为主。

表4-2　　　　　　　　　农业规模生产经营人员数量和结构

指标		全国	东部地区	中部地区	西部地区	东北地区
农业生产经营人员总数（万人）		1289	382	280	411	217
农业生产经营人员性别构成（%）	男性	52.8	54	53.7	50	54.7
	女性	47.2	46	46.3	50	45.3

续表

指标		全国	东部地区	中部地区	西部地区	东北地区
农业生产经营人员 年龄构成（%）	年龄 35 岁及以下	21.1	16.8	17.1	27	22.6
	年龄 36~54 岁	58.3	57.8	58.7	57.9	59.2
	年龄 55 岁及以上	20.7	25.4	24.3	15.1	18.2
农业生产经营人员 受教育程度构成（%）	未上过学	3.6	3.4	3.7	5.2	1
	小学	30.6	28.8	26.9	35.7	28.6
	初中	55.4	56.5	56.8	48.6	64.3
	高中或中专	8.9	9.9	11.2	8.4	5.2
	大专及以上	1.5	1.3	1.4	2.1	0.9
农业生产经营人员 主要从事农业行业 构成（%）	种植业	67.7	60	60.9	73.3	79.8
	林业	2.7	2.9	3	3.1	1.1
	畜牧业	21.3	19.3	28.6	21.6	14.6
	渔业	6.4	15.5	4.6	1	2.8
	农林牧渔服务业	1.9	2.3	2.9	1.1	1.6

资料来源：第三次全国农业普查。

如表 4-3 所示，从耕地经营规模分布情况来看，经营耕地在 10 亩以下的农户仍为农业经营的主体。2015 年，经营耕地在 10 亩以下的农户数占总经营户的比例为 80.7%，2019 年为 78.2%。这与国家推行农村土地流转、实行土地规模经营的政策紧密相关。从不同规模农户数增加的数量和程度来看，经营耕地面积 100~200 亩的农户数增加数量最为显著，从 2015 年的 79.8 万户增加至 2019 年的 104.9 万户，增加了 25.1 万户，增加比例为 31.5%。而经营耕地 200 亩以上农户数从 2015 年的 34.5 万户增加至 2019 年的 47.2 万户，增加了 12.7 万户，增加比例为 36.8%。

表4-3　　　　　　　　　　　耕地经营规模分布情况　　　　　　　　单位：万户

年度	未经营耕地农户数	经营耕地10亩以下农户数	经营耕地10~30亩的农户数	经营耕地30~50亩的农户数	经营耕地50~100亩的农户数	经营耕地100~200亩的农户数	经营耕地200亩以上农户数
2015	1656.6	22931.7	2760.6	695.4	242.3	79.8	34.5
2016	1853.8	22968	2814.4	700.6	251.9	87.7	36.6
2017	2011.2	23098	2864	722.8	267.5	93.3	41.3
2018	2150.5	23313.6	2867.9	730	272.6	97.9	43.3
2019	2499.1	23627.9	2954.5	704.7	283.4	104.9	47.2

资料来源：《中国农业发展报告》（2016~2020年，历年）。

农村土地经营规模一般通过土地流转获得，从土地流转情况来看，2010年，农村土地承包总面积为127381.55万亩，流转土地面积为18668.00万亩，流转率为15%。流转出承包耕地的农户数为3321.00万户，参与转出承包耕地的农户占比为15%。到2020年，流转土地面积为53218.92万亩，流转率达到34%，参与转出农户的比重为33%（见表4-4）。

表4-4　　　　　　　　　　2010~2020年全国土地经营情况

年度	承包经营总面积（万亩）	流转总面积（万亩）	承包总户数（万户）	流转出农户数（万户）	流转面积比重（%）	参与转出农户比重（%）
2010	127381.55	18668.00	22848.01	3321.00	15	15
2011	127734.63	22793.33	22884.29	3876.78	18	17
2012	131045.05	27833.41	22975.51	4438.88	21	19
2013	132709.20	34102.02	23008.80	5261.01	26	23
2014	132875.58	40339.47	23021.66	5832.93	30	25
2015	134236.78	44683.37	23057.37	6329.53	33	27
2016	136389.28	47920.80	22868.84	6788.93	35	30
2017	138501.41	51211.32	22688.25	7070.56	37	31

续表

年度	承包经营总面积（万亩）	流转总面积（万亩）	承包总户数（万户）	流转出农户数（万户）	流转面积比重（%）	参与转出农户比重（%）
2018	149941.41	53902.03	22732.25	7235.21	36	32
2019	154576.67	55498.04	22004.01	7321.08	36	33
2020	156166.24	53218.92	22040.98	7221.08	34	33

从土地流转方式来看，土地流转以转包和出租为主（见表 4-5）。2019 年，在所有土地流转形式中，以转包和出租进行流转的占比达 80.40%。从发展趋势上看，转让形式的比重有所下降，从 2010 年的 5.01% 下降至 2019 年的 3.04%。互换形式和股份合作形式的占比基本保持持平。

表 4-5　　　　　　　　　农村土地流转方式占比　　　　　　单位：%

年度	出租（转包）	转让	互换	股份合作	其他
2010	77.97	5.01	5.13	5.96	5.93
2011	78.12	4.43	6.41	5.58	5.46
2012	78.19	3.95	6.47	5.89	5.50
2013	78.54	3.27	6.18	6.94	5.07
2014	79.72	2.96	5.83	6.72	4.77
2015	81.33	2.79	5.39	6.08	4.41
2016	82.23	2.69	5.36	5.10	4.63
2017	80.80	2.86	5.79	5.81	4.76
2018	81.10	2.74	5.79	5.47	4.90
2019	80.40	3.04	5.04	5.93	5.59

资料来源：历年《中国农业发展报告》、国家统计局以及《中国农业资料汇编》。

从土地流转去向来看，2020 年土地经营权流转入农户的面积为 24882.76

万亩；流转入家庭农场的面积为 7124.26 万亩；流转入专业合作社的面积为 11453.01 万亩；流转入企业的面积为 5558.54 万亩；流转入其他主体的面积为 4200.35 万亩。其中，流转给农户仍是土地流转的主要去向，流转耕地占比为 46.76%，其次是流转给农民专业合作社，占比为 21.52%，流转给家庭农场、企业和其他主体的耕地占比分别为 13.39%、10.44% 和 7.89% （见图 4 – 2）。

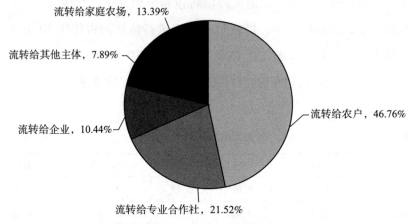

图 4 – 2 2020 年我国土地流转去向情况

资料来源：农业农村部网站。

从流转去向的时间变化来看，表 4 – 6 数据显示，流转给农户的耕地占比由 2010 年的 69.17%，下降至 2020 年的 46.76%。由于农民专业合作社、企业和家庭农场等新型农业经营主体，相比农户而言，更具有资金、技术、市场等方面的优势，更有利于提高土地规模效率和利用效率，促进农村土地的流动增值以及资本化运作。从流向趋势来看，农户更倾向于将土地流转给农民专业合作社，流转给农民专业合作社的耕地占比从 2010 年的 11.87%，增加至 2020 年的 21.52%，流转给企业的耕地占比缓慢增加，而流转给其他主体（含家庭农场）占比逐年增加。2014 年中共中央办公厅、国务院办公厅颁发《关于引导农村土地经营权有序流转发展农业适度规模经营的意见》，明确提出"在坚持土地集体所有的前提下，实现所有权、承包权、经营权"三权分置"，形成土地经营权流转的格局，大力培育和扶持多元化新型农业经营主体，发展农业适度规模经营。"新型农业经营主体逐步取代农户成为农村土地流转的主要流入方。2020 年，农村土地流转给新型农业经营主体的占比首次超过 50%，达到 53.24%。

表 4-6 　　　　　　　2010～2020 年全国土地流转出去向 　　　　单位：%

年度	流转给农户	流转给合作社	流转给企业	流转给其他主体
2010	69.17	11.87	8.08	10.88
2011	67.63	13.40	8.37	10.59
2012	64.69	15.85	9.18	10.28
2013	60.29	20.36	9.44	9.91
2014	58.37	21.91	9.62	10.10
2015	58.65	21.79	9.47	10.09
2016	58.38	21.58	9.68	10.36
2017	57.50	22.70	9.83	9.96
2018	57.17	22.47	10.31	10.04
2019	56.18	22.68	10.38	10.75
2020	46.76	21.52	10.44	21.28

注：由于官方数据在 2019 年之前未对流入家庭农场的数据进行单独统计，故表中未列示。
资料来源：农业农村部网站。

从规模农业经营主体分布来看，根据第三次全国农业普查数据公报显示[1]（见表 4-7），2016 年，全国农业经营户 20743 万户，其中规模农业经

———————

① 《第三次全国农业普查主要数据公报（第二号）》。

营户 398 万户。全国农业经营单位 204 万个。2016 年末，在工商部门注册的农民合作社总数 179 万个，其中，农业普查登记的以农业生产经营或服务为主的农民合作社 91 万个。从区域分布来看，规模农业经营户主要分布在东部和西部地区，其次是中部地区，最后是东北地区。从经营单位细分来看，农民专业合作社为 91 万个，占总规模农业经营户的比例为 22.9%，主要分布在东部地区，这与经济发展水平与资源禀赋优势条件密切相关。

表 4 – 7　　　　　　　　　全国农业经营主体分布情况

经营主体	全国	东部地区	中部地区	西部地区	东北地区
农业经营户（万户）	20743	6479	6427	6647	1190
规模农业经营户（万户）*	398	119	86	110	83
农业经营单位（万个）	204	69	56	62	17
农民专业合作社（万个）	91	32	27	22	10

注：*规模农业经营户指具有较大农业经营规模，以商品化经营为主的农业经营户。规模化标准为：种植业，一年一熟地区露地种植农作物的土地达到 100 亩及以上、一年二熟及以上地区露地种植农作物的土地达到 50 亩及以上、设施农业的设施占地面积 25 亩及以上。

资料来源：第三次全国农业普查。

4.1.4　我国农村土地资本化的时空分析

在当前农村土地要素市场化、资本化背景下，土地价格高涨导致粮食成本上升，从而使耕地"非粮化"成为保障经营主体收益的重要路径。对于农村土地资本化而言，学界普遍认为农村产权主体以资本化形式运营农地产权，并通过交易实现增值的过程（温铁军，2013；李怀，2015），且学者们一致认为农村土地要素价格是农地资本化程度的直接表象。因此，本书从耕地价格变动视角切入，分析耕地资本化程度的空间格局及时空特征。本节数据以中国 311 个地级行政区（含省会城市，不包括港、澳、台及部分数据缺失的直辖市及地级行政区），以地级行政区内耕地①样点价格平均值表征农村土地资本化程度。耕地价格的样点数据来源于原国土部函调、土流网样点及实地调研数据，因为涉及测算各地区的平均值，最终统计数据样本区域总量为15568个，时间序列分布为2015～2022年。为刻画农村土地资本化程度的时空特征，本书选择2015年和2022年两年数据，并根据数据的分布情况，将耕地资本化阈值确定为300元/亩、500元/亩、700元/亩、900元/亩和1200元/亩。

从时间序列来看，311个地市耕地价格总体呈现上升趋势。2015年各地市耕地的平均价格为593元/亩，2022年上涨为690元/亩，涨幅为16.36%。其中，2022年耕地价格大于500元/亩的地市数量为253个，占比为81.4%，相较于2015年的185个地市数量，增加了68个，占比增加了21.9%。另外，耕地价格大于1000元/亩的地市数量，2022年为39个，2015年为16个，占比增加7.4%。

从空间特征来看，2015年，耕地价格整体呈现西低东高的阶梯形分布态势，西部地区以新疆、青海、宁夏、甘肃、云南、贵州、四川等省份为主，耕地价格大部分位于300～500元/亩区间，其中耕地价格低于300元/亩的地市主要分布在西藏、甘肃、新疆等8个省份。东部沿海地区耕地价格普遍相对较高，耕地价格高于500元/亩的地区主要分布在黑龙江、辽宁、吉林、山东、河南、湖北、湖南、浙江、江苏等省份。其中耕地价格高于900元/亩的高值区，主要分布在以上省份的31个地市，这与耕地的资源禀赋条件、水源条件、交通便利程度等密切相关。

相较于2015年的耕地价格时空分布情况，2022年的耕地价格的高值区（>900元/亩）和中值区（>500元/亩，且<900元/亩）的地市数量明显增加。其中高值区（>900元/亩）主要集中在东部沿海、中部部分省份及东三省部分省份，而中值区（>500元/亩，且<900元/亩）除了东、中部部分省份之外，增加了新疆、甘肃、陕西等省份，四川的耕地价格相较于2015年

---

① 耕地包括各地区的旱地、水田、水浇地以及其他耕地。

的价格有明显增加。而低值区（<500元/亩）主要集中于西部和北部边境一带，总的来说，2022年的整体耕地价格呈现西北和东部高，西南和北部低的不均衡分布态势。

在耕地租金不断上涨的前提下，耕地"非粮化""非农化"现象突出。农村土地资本化带来的要素成本过快上涨问题给中国粮食安全带来较大的冲击。根据粮食功能分区，全国共有13个粮食主产区、7个主销区和11个产销平衡区，为了实现粮食生产的稳产保供，本书选择13个粮食主产区的农村土地资本化程度进行对比分析。从时间序列来看，根据2015年和2022年两期的统计数据，耕地价格的上涨趋势和全国的趋势一致，且粮食主产区的耕地价格一直处于中高值区域。2015年，13个主产区的省份的耕地平均价格为657元/亩，2022年上涨到753元/亩，涨幅达到14.6%。从空间分布来看，13个粮食主产区由于具有良好的劳动资源禀赋、技术水平，耕地丰裕度与耕地质量较好，农村土地资本化程度也较其他地区高，这一点从耕地价格时空分布上可以得出。2022年，耕地高值区（>900元/亩）主要分布在京津冀、山东半岛等地区。中值区（>500元/亩，且<900元/亩）的地市，相较于2015年有所增加，主要增加在四川、湖北、湖南等省份。低值区变化不大，主要分布在中国北部的边境地带。可以看出，随着农业社会化服务嵌入家庭经营，一方面，农业规模经营和服务规模经营的"双规模"经营模式，在实现规模经济的同时，可以有效降低生产成本；另一方面，随着服务规模经营的扩大，也加速了农村土地资本化的进程。

4.2　山东省农村土地规模经营发展现状

是否实现规模经济决定农户规模经营决策。由于自然资源、地质条件、地理环境、经济条件的不同，不同地区的农业生产的规模效益存在着差异。

农地规模经营势必要因地制宜，根据不同资源禀赋条件适当发展。要想有效地测算分析农地规模经营的经济效益，在对调研区域进行选择时，有两个现实条件必须考虑：一是调研对象应该有连片农地适合进行规模经营的地理优势；二是在农地规模经营下，调研区域有足够的土地资源进行规模经营，并且经营主体能够自己选择是否进行规模经营。根据上述两个现实条件，本书将调研区域选定为山东省平度市。首先，平度市是山东省辖县级市，隶属于山东省青岛市。其次，平度市地理条件优越，毗邻青岛市，地处山东半岛东部，位于胶东半岛西部，平原面积在全省内排名靠前，是比较典型的农业大市、农业强市。2010 年 8 月，平度市首次被农业部确定为全国首批国家现代农业示范区；2013 年又成功入选国家现代农业示范区农业改革与建设试点市，成为全国计划单列市中唯一入围的市（县、区）。经过改革试点，平度市农业实现了"三个转变"，形成了具有区域特色的现代农业发展模式。一是实现适度规模经营，全市适度规模经营比重由 33% 提高到 74%。二是成立品牌农产品，"三品一标"农产品比重 48%，拥有农产品商标 450 余个，其中中国驰名商标 4 个、地标产品 19 个，位居全国县级市之首。三是实现了三产融合发展转变。[1]

在实践中，农地规模经营的推进由于各地区地理位置、自然资源、经济发展与科技水平的不同而呈现不同的实践形式。本书选取山东省平度市为调研区域。该市作为国家现代农业示范区之一，土地流转率达到 40% 以上，土地流转形式以租赁和入股为主[2]，入股形式较少仍处在探索推进阶段。本书所用数据来自课题组于 2018～2020 年四次对平度市南村镇、白埠镇、崔家集镇、大泽山镇、店子镇等 13 个村镇开展的随机抽样调查，有效样本总规模为

---

① 资料来源：平度市政务网（http://pingdu.gov.cn）。

② 承包户将土地承包权转让给集体经济组织内其他成员的行为属于土地承包权的资本化；承包户将土地经营权出租（转包）、抵押、入股等行为属于土地使用权的资本化；经营主体将土地经营权再流转或抵押的行为也属于土地使用权的资本化（全世文、曾寅初，2018）。

877 户，租出户（含入股户；入股户为本地以承包经营权入股的农户，也算作农地供给方）为 259 户，租入户为 175 户。为了尽可能降低不同分组农户样本的概率分布的差异性，以及考虑到农村土地资本化的区域适应性等方面，本研究所选调研区域特定，所以在样本匹配上也尽可能地减少由于组间差异性而导致的有效样本缺失。

4.2.1 山东省平度市农村土地规模经营概况

为推进土地规模经营，对于实现乡村振兴，加快推进农业的现代化进程产生积极作用。近些年来，平度市将家庭经营细碎分散的土地集中起来，集中资源发展家庭农场、农产业大户、合作社等新型农业经营主体，全力推进土地规模经营的实施。2020 年平度市有 112 万亩的流转土地，占家庭承包耕地总面积的 45.4%；有 182 万亩的土地规模经营面积，约占家庭承包土地总面积的 74.88%；有 8000 多户农户的规模经营面积在 50 亩以上，其中 2300 多户新型农业经营主体从事种植业生产。

1. 农地经营规模分布情况

农村土地转入户为 125 户，由表 4-8 可知，样本农户土地经营面积平均为 204.8 亩，其中农户经营面积最大为 1500 亩，最小经营面积为 20.3 亩，标准差为 231.37 亩。农户经营规模大小差距高达 1479.7 亩，经营亩数平均值与经营亩数最大值相差 7 倍，与最小经营亩数相差 10 倍之多，说明平度市农地规模经营面积差距明显。

表 4-8　　　　　　　　　　农地规模经营分布情况　　　　　　　　　单位：亩

最大值	最小值	均值	标准差
1500	20.3	204.8	231.4

进一步将经营规模进行细分，将经营规模分为 4 组，分别是（0～50］亩，（50～200］亩，（200～500］亩以及（500 以上）亩，根据表 4－9 的结果显示，当生产经营规模在（50～200］亩时，农户数量最多，占总样本比重为 59.2%，其中最大经营规模为 200 亩，最小经营规模为 50 亩，平均经营规模为 111.0 亩。其次为（200～500］亩，占总数量的 23.2%，其中最大经营规模为 439.4 亩，最小经营规模为 200.3 亩，平均经营规模为 303.2 亩。此外，（0～50］亩、（500 以上）亩所占样本比例较小，分别占样本总数的 9.6% 和 8%，在（0～50］亩规模经营区间内，最小经营规模仅为 20.3 亩，平均经营规模为 34.7 亩。经营规模为（500 以上）亩所占样本比例最小，在此经营规模区间内，最大经营规模达到 1500 亩，平均经营规模为 817.8 亩。从规模细分的统计结果来看，经营规模为（50～200］亩为农户最优选择规模。

表 4－9   农户经营规模细分统计分析

经营规模	最大值（亩）	最小值（亩）	均值（亩）	户数（户）	占样本的百分比（%）
（0～50］亩	50	20.3	34.7	12	9.6
（50～200］亩	200	50.1	111.0	74	59.2
（200～500］亩	439.4	200.3	303.2	29	23.2
（500 以上）亩	1500	500.5	817.8	10	8

2. 不同经营作物规模种植情况

如表 4－10 所示，平度市进行土地规模经营的主要农作物为粮食、蔬菜和水果。其中，种植粮食的样本农户所占比例最大，为 93 户，最大种植规模为 1500 亩，最小种植规模为 20.3 亩，平均面积为 194.7 亩，标准差为 224.5 亩。种植蔬菜的样本农户为 21 户，最大种植规模为 1226 亩，最小的种植规模为 25 亩，平均种植面积为 287.8 亩，高于粮食种植的平均面积，标准差为

273.4 亩。种植水果的样本农户所占比例最小，仅为 10 户，最大种植规模为 500.5 亩，小于粮食和蔬菜的最大种植规模，最小种植规模为 20.3 亩，平均种植规模也小于粮食和蔬菜的种植规模，仅为 132.4 亩。

表 4-10 不同经营作物土地规模经营现状

种植类别	最大值（亩）	最小值（亩）	均值（亩）	标准差（亩）	户数（户）
粮食	1500	20.3	194.7	224.5	93
蔬菜	1226	25	287.8	273.4	21
水果	500.5	20.3	132.4	38.2	10

如表 4-11 所示，平度市的家庭农场和专业大户参与了土地规模经营。其中，专业大户的样本农户所占比例最大，为 91 户，种植规模最大为 700.2 亩，最小为 20.3 亩，平均面积为 159.8 亩，标准差为 133.2 亩。家庭农场的样本农户为 34 户，种植规模最大为 1500 亩，最小的为 30.1 亩，平均种植面积为 325.5 亩，标准差为 359.3 亩。

表 4-11 不同经营主体农地规模经营现状

经营主体	最大值（亩）	最小值（亩）	均值（亩）	标准差（亩）	户数（户）
家庭农场	1500	30.1	325.5	359.3	34
专业大户	700.2	20.3	159.8	133.2	91

3. 规模经营主体特征情况

对调研样本的经营主体特征进行分析（见表 4-12），从性别来看，规模经营农户以男性为主，有 111 人，所占总样本比重为 88.8%，而女性有 14 人，占比较小，为 11.2%。从户主年龄来看，35 岁及以下岁的青壮年户主有 3 个，占总样本比重为 2.4%，36~60 岁之间的中年户主人数占比为 95.2%，为当前农业规模经营的主体。而 61 岁及以上的老年农户,共 3 个,占总样本比重为 2.4%。说明土地规模经营的农户年龄大部分处于适中状态,越来越多的中年农户愿意投入规模经营。从农户的教育水平来看,绝大部分农户文化水平集中在初中、中专/高中这两个教育阶段,分别占总样本的 50% 和37%,其次是大专文化程度,占总样本比重为 8%,小学及以下和本科及以上的农户人数最少,分别占总样本农户数量的 3% 和 2%。可以发现,现在从事规模经营的农户受教育程度逐步提高,对新型农业技术采用、市场信息的捕捉以及农业规模经营管理水平的提高都有积极影响。

表 4 – 12 　　　　　　　　　调研样本规模经营主体的特征

特征	类别	人数(人)	占比(%)
性别	男	111	88.8
	女	14	11.2
年龄	≤35 岁	3	2.4
	36 ~ 60 岁	119	95.2
	≥61 岁	3	2.4
受教育程度	小学及以下	3	3
	初中	63	50
	中专/高中	47	37
	大专	10	8
	本科及以上	2	2

目前,规模经营农户大部分接受过农业生产及经营的相关专业培训,促进了农村土地规模经营良好发展。在实际调研过程中,规模经营农户大都踊跃自主报名参加培训,最高参加了 9 项培训。如表 4 – 13 所示,参加过 1 ~ 4 项培训的规模经营农户比重为 86.3%,有 5.3% 同时参加过 7 ~ 10 项的培训。就培训的内容而言,参加育种或栽培技术的农户最多,高达 47 户,占了调研

总体的37.6%，有28.8%的农户参加了经营管理知识培训，有35户参加了土肥培育技术，34户参加了疫病防治技术，占比分别为28%和27.2%。参加农机驾驶操作技术培训一共32户，占比为25.6%。参加过"三品一标"及农产品质量安全知识培训共21户，占比16.8%。就培训途径而言，参加政府部门组织的培训的农户最多，占调研总体的63.2%，有46户都参加过村级、合作社等组织技术人员现场指导，占比达36.8%，28.8%和26.4%的农户都曾分别参加过化肥、农机等农资生产企业或经销商的指导和农技人员上门指导。总体来看，规模经营农户受培训程度较好。这说明，农户越来越重视培训的积极作用，认识到规模经营不只是扩大规模，而是为了获得更高品质的农产品，寻求以更低的投入获得更高的产出，从而实现规模经济效益；而专业生产培训对于农户掌握科学有效的种植方法极为有利，多渠道的培训途径，也为农户规模经营提供技术保障，提高农户种植效率，减少农户种植损失，满足农户多样化及复杂化的技术需求。

表4-13　　　　　　　　　规模经营农户接受培训情况

项目	类别	户数（户）	所占比重（%）
培训项目数（项）	1~2	53	55.8
	3~4	29	30.5
	5~6	8	8.4
	7~8	3	3.2
	9~10	2	2.1
培训内容	育种或栽培技术	47	37.6
	土肥培育技术	35	28
	疫病防治技术	34	27.2
	地膜覆盖技术	22	17.6
	农机驾驶操作技术	32	25.6
	种植技术	12	9.6

续表

项目	类别	户数（户）	所占比重（%）
培训内容	农产品加工技术	17	13.6
	"三品一标"及农产品质量安全知识培训	21	16.8
	经营管理知识	36	28.8
培训途径	政府部门组织的培训	79	63.2
	农技人员上门指导	33	26.4
	村级、合作社等组织技术人员现场指导	46	36.8
	化肥、农机等农资生产企业或经销商的指导	36	28.8
	高校科研院所的培训	13	10.4

总的来说，平度市农地规模经营现状包括农地经营主体特征和农地规模经营情况。平度市农地规模经营主体整体以男性为主，年龄结构居中，大都处于 36~60 岁，受教育程度集中在初中，大都接受过规模经营相关技术培训。平度市农地规模经营面积平均为 204.8 亩，最大经营面积为 1500 亩，最小经营面积为 20.3 亩。土地规模经营主要农作物为粮食、蔬菜和水果，其中种植粮食的样本农户所占比例最大，生产经营规模在（50~200］亩的农户数量最多，其次为（200~500］亩、（0~50］亩、（500 以上）亩的农户所占样本比例较小。

4.2.2 山东省平度市农村土地流转情况

平度市调研土地资本化形式以出租和入股为主①，入股形式较少仍处在

---

① 承包户将土地承包权转让给集体经济组织内其他成员的行为属于土地承包权的资本化；承包户将土地经营权出租（转包）、抵押、入股等行为属于土地使用权的资本化；经营主体将土地经营权再流转或抵押的行为也属于土地使用权的资本化（全世文、曾寅初，2018）。

探索推进阶段。通过农村土地制度设计推进土地要素市场化改革，不仅可以优化农地要素配置促进"效率"，同时也能增加农户财产性收入而推动"公平"。在实际调研过程中，农户对土地"三权分置"制度的认知就决定了农户农业规模经营的决策。

1. "三权分置" 制度的认知情况

"三权分置"制度是自下而上、自发性地、诱致性制度变迁。农户对制度的认知和了解会影响农村土地资本化的推进。在实际调研过程中，针对有效样本总规模为 877 户的农户，"三权分置"政策（即土地所有权、承包权、经营权分离）出台后，本村居民在推进农村土地资本化方面发生的变化如表 4－14 所示。从农户认知层面看，有 434 户农户认为，"三权分置"制度因产权明晰，提高了自己参与土地资本化的积极性，所占比重为 49.5%。有 443 户的农户认为该项制度对推进土地资本化没有影响。通过和农户交流得知，这一部分的农户大多属于自给自足型农户，且以老年人居多。

表 4－14   "三权分置" 制度对土地资本化的影响情况

序号	影响变化	户数（户）	所占比重（%）
1	因产权明晰，村民的土地资本化的积极性增加	434	49.5
2	村民土地资本化的积极性降低	0	0
3	没有变化	443	50.5

2. 农村土地流转情况

平度市作为国家现代农业示范区之一，土地流转率达到 40% 以上。本部分所用数据来自课题组于 2018 年 7 月、8 月、11 月以及 2020 年 7 月四次对平度市南村镇、白埠镇、崔家集镇、大泽山镇、店子镇等 13 个村镇开展随机抽样调查，有效样本总规模为 877 户，其中非参与户为 443 户，租出户（含入股户①）为 259 户，租入户为 175 户。具体流转情况如表 4-15 所示，在所有调研农户中，转出农户占比 31.30%，平均转出年限为 5.78 年。在转出农户中有 66.70% 的转出户签订了流转合同，其余 33.30% 的转出户未签订流转合同。而土地转入户为 125 户，所占比例为 15.11%，平均转入年限为 6.14 年，其中有 72.30% 的转入户签订了流转合同。另外，未流转户所占比例为 53.56%。

表 4-15 调查样本土地流转情况

项目	类别	统计值	项目	类别	统计值
土地转出情况	转出户数（户）	259	土地转入情况	所占比例（%）	15.11
	所占比例（%）	31.30		平均转出年限（年）	6.14
	平均转出年限（年）	5.78		签订合同农户占比（%）	72.30
	签订合同农户占比（%）	66.70	未流转情况	未流转户数（户）	443
土地转入情况	转入户数（户）	125		所占比例（%）	53.56

从流转方式来看，不论土地转出户还是转入户，主要的流转方式为转包和出租（见表 4-16），其中采用出租的流转户所占比重为 92.4%，转包的农户数占比为 4.6%，还有 3% 的农户进行土地托管。而流转户合同类型，鉴于有些农户将土地流转给本村居民或亲戚朋友，因而有 31.5% 的流转户采用口头合同的方式进行流转。由于流转市场逐步完善，签订正式流转合同能有效规避流转期限内双方的违约行为，因而有 68.5% 的农户选择签订正式的流转合同。

---

① 入股户为本地以承包经营权入股的农户，也算作农地供给方。

表 4 - 16 　　　　　　　　调查样本流转方式情况　　　　　　　单位:%

项目	类别	占比	项目	类别	占比
流转方式	转包	4.6	流转方式	托管	3
	出租	92.4		其他	0
	互换	0	流转合同类型	口头合同	31.5
	转让	0		书面合同	68.5
	入股	0		字据	0

3. 农地流转价格情况

由于耕地价格受土地等级、交通方便程度、水源条件、环境质量、不同种植作物等影响。当农地资本化程度不断加深时，表现为耕地价格逐渐上涨。为此，根据调研数据的分布情况（见表 4 - 17），将农地资本化阈值分为 300 元/亩、500 元/亩、800 元/亩，1000 元/亩。表 4 - 17 的数据显示，在全部流转农户的样本中（434 户流转户），土地租金在（500，800］元区间的流转农户最多，为 164 户，占总流转农户的比重为 37.79%，流转面积为 1968 亩；其次为（800，1000］元，主要分布在 800 元/亩、900 元/亩和 1000 元/亩三个数值，有 31.34% 的农户在此价格区间内进行流转，在此价格区间内的流转面积为 2675 亩；价格在 1000 元以上的土地，相对价格较高，究其原因，主要与该村土地水源条件优越以及流转后的土地用于种植蔬菜瓜果有关；而 300 元及以下和（300，500］元区间的土地，租金相对比较低，调研得知，该区域主要以种植粮食作物为主，且距离市区较远，周边没有产业带动，因此资本化程度也较低。

表 4 - 17 　　　　　　　　耕地流转价格分布情况

价格区间	户数（户）	所占比重（%）	面积（亩）
300 元及以下	2	0.46	6
（300，500］元	78	17.97	624

续表

价格区间	户数（户）	所占比重（%）	面积（亩）
（500，800］元	164	37.79	1968
（800，1000］元	136	31.34	2675
1000 元以上	54	12.44	826

4.3 江苏省农村土地规模经营发展现状

本节数据来自中国土地经济调查（China Land Economic Survey，CLES）数据库。CLES 由南京农业大学人文社科处于 2020 年创立，并于当年在江苏省开展基线调研，团队基于江苏省农村固定观察点的建立与调查，全面分析了江苏农村社会经济发展现状，调查问卷内容涵盖土地市场、农业生产、乡村产业、生态环境、脱贫攻坚、农村金融等方面。调查采用 PPS 抽样，首先，需要选取调研的区县。以各区县 2010 年人口普查中乡村人口数量占所属地级市乡村人口的比例为依据，采用不等概率抽样，每个地级市选取 2 个调研区县。其次，以样本区县中各个乡、镇街道行政村的数量占比为依据，采用不等概率抽样，每个样本县抽取 2 个样本乡镇街道。再次，每个样本乡镇抽取 1 个行政村，共计 52 个行政村。最后，在每个样本村中，采用简单随机抽样方法，抽取 50 户农户，完成抽样。本书使用的是 2021 年 CLES 数据库，为 2020 年江苏省调研基线基础上对固定农户进行的追踪调查数据。剔除部分关键变量遗漏严重的样本及异常值数据，本书共选择 1400 个农户样本纳入研究。调研数据包括家庭基本特征、土地流转与生产经营、固定资产及生产要素投入等信息。本书研究的为农户粮食作物（即小麦、玉米、水稻作物）的生产情况，粮食产出为单位面积粮食产量，农户农地经营规模以粮食播种面积表示。

4.3.1 江苏省农村土地规模经营概况

1. 农村土地经营规模分布情况

《第三次全国农业普查主要数据公报(第一号)》统计数据显示,土地经营面积大于50亩的经营主体界定为规模经营主体。按照这个标准,对江苏省的数据按照50亩以上的样本进行筛选与统计,由表4-18可知,样本规模经营农户的土地经营面积平均为532.73亩,其中农户经营面积最大为7619.60亩,最小经营面积为52.00亩,标准差为851.83亩。农户规模经营大小差距高达6767.8亩,经营亩数平均值与经营亩数最大值相差14倍之多,与最小经营亩数相差10倍之多,说明江苏省农地规模经营面积差距明显。

表4-18 农地规模经营分布情况 单位:亩

最大值	最小值	均值	标准差
7619.60	52.00	532.73	851.83

进一步将经营规模进行细分,将经营规模分为4组,分别是(0,50]亩,(50,200]亩,(200,500]亩以及500亩以上。根据表4-19的结果显示,调研样本中(0,50]亩的小农户最多,所占比例为73.71%。其次是(50,200]亩的农户数量为254户,占总样本比重为18.14%,其中最大经营规模为200亩,最小经营规模为52亩,平均经营规模为118.63亩。再次为(200,500]亩,占总数量的6.57%,其中最大经营规模为500亩,最小经营规模为210亩,平均经营规模为342.96亩。此外,500亩以上所占样本比例最小,仅为1.58%,在此经营规模区间内,最大经营规模达到7619.6亩,平均经营规模为2482.4亩。从规模细分的统计结果来看,经营规模为(50,200]亩为规模经营农户最优选择区间。

表 4 - 19 农户经营规模细分统计分析

经营规模	户数（户）	均值（亩）	标准差（亩）	最小值（亩）	最大值（亩）	占比（%）
(0, 50] 亩	1032	3.71	7.01	0	50	73.71
(50, 200] 亩	254	118.63	47.62	52	200	18.14
(200, 500] 亩	92	342.96	100.33	210	500	6.57
500 亩以上	22	2482.4	4430.13	550	7619.6	1.58

2. 不同经营作物规模种植情况

如表 4 - 20 所示，江苏省进行土地规模经营的主要农作物为粮食、蔬菜和水果。其中，种植粮食的样本农户所占比例最大，为 195 户，最大种植规模为 2320 亩，最小种植规模为 53 亩，平均面积为 506.73 亩，标准差为 789.78 亩。种植蔬菜的样本农户为 86 户，最大种植规模为 1320 亩，最小的种植规模为 50 亩，平均种植面积为 268.22 亩，低于粮食种植的平均面积，标准差为 333.09 亩。种植水果的样本农户为 87 户，最大种植规模为 1648 亩，小于粮食的最大种植规模，最小种植规模为 52 亩，平均种植规模也小于粮食的种植规模，为 276.5 亩。

表 4 - 20 不同经营作物土地规模经营现状

种植类别	户数（户）	均值（亩）	标准差（亩）	最小值（亩）	最大值（亩）
粮食	195	506.73	789.78	53	2320
蔬菜	86	268.22	333.09	50	1320
水果	87	276.5	353.48	52	1648

如表 4 - 21 所示，从新型经营主体生产经营情况来看，专业合作社、家庭农场和普通大户参与了土地规模经营。其中，家庭农场的样本农户所占比例最大，为 203 户，种植规模最大为 7620 亩，最小为 95.70 亩，平均面积为 957.1 亩，标准差为 3036 亩。其次为专业合作社，为 105 户，种植规模最大

为 1550 亩，最小的为 53 亩，平均种植面积为 416.7 亩，标准差为 469.1 亩。

表 4 – 21　　　　　　　　　不同经营主体农地规模经营现状

经营主体	最大值（亩）	最小值（亩）	均值（亩）	标准差（亩）	户数（户）
专业合作社	1550	53	416.7	469.1	105
家庭农场	7620	95.70	957.1	3036	203
普通大户	2200	70	230.2	434.4	60

3. 规模经营主体特征情况

对调研样本经营主体特征进行分析（见表 4 – 22），从性别来看，规模经营农户以男性为主，有 336 人，所占总样本比重为 90.22%，而女性有 36 人，占比较小，为 9.78%。从户主年龄来看，小于 36 岁的青壮年户主有 19 人，占总样本比重为 5.16%，36 ~ 60 岁之间的中年户主人数占比为 78.53%，为当前农业规模经营的主体。而大于 60 岁的老年农户，共 60 人，占总样本比重为 16.31%。说明土地规模经营的农户年龄大部分处于适中状态，越来越多的中年农户愿意投入规模经营。从农户的教育水平来看，绝大部分农户文化水平集中在初中这个教育阶段，占总样本的 67.39%，其次是小学及以下文化程度，占总样本比重为 21.47%，中专/高中和大专这两个阶段农户人数相对也比较少，分别占总样本农户数量的 8.70% 和 1.90%。可以发现，现在从事规模经营的农户受教育程度逐步提高，对新型农业技术采用、市场信息的捕捉以及农业规模经营管理水平的提高都有积极影响。

表 4 – 22　　　　　　　　　调研样本规模经营主体的特征

特征	类别	人数（人）	占比（%）
性别	女	36	9.78
	男	336	90.22

续表

特征	类别	人数（人）	占比（%）
年龄	≤35 岁	19	5.16
	36～60 岁	289	78.53
	≥61 岁	60	16.31
受教育程度	小学及以下（0～6 年）	79	21.47
	初中（7～9 年）	248	67.39
	中专/高中（10～12 年）	32	8.70
	大专（13～15 年）	7	1.90
	本科及以上（16 年及以上）	2	0.54

4.3.2 江苏省农村土地流转情况

1. 农村土地流转情况

江苏省作为粮食主产省份之一，自 2021 年《农村土地经营权流转管理办法》正式施行后，江苏省积极探索引导土地经营权有序流转的有效方式。从官方数据统计，全省的土地流转率达 60%。从农地流转的调研情况来看（如表 4 - 23 所示），在所有调研农户中，转出农户占比为 53.30%，在转出农户中有 54.4% 的转出户签订了流转合同，其余 45.6% 的转出户未签订流转合同，主要以口头合同为主，限于本村内熟人之间的流转。而土地转入户为 368 户，也即土地规模经营户，签订合同户数为 214 户，所占比例为 58.2%，签订正式合同可以在一定程度上减少违约风险而带来的经济损失。另外，未流转户所占比例为 20.40%。

表 4-23   调查样本土地流转情况

项目	类别	统计值	项目	类别	统计值
土地转出情况	转出户数（户）	746	土地转入情况	所占比例（%）	26.30
	所占比例（%）	53.30		平均转出年限（年）	214
	平均转出年限（年）	407		签订合同农户占比（%）	58.20
	签订合同农户占比（%）	54.40	未流转情况	未流转户数（户）	286
土地转入情况	转入户数（户）	368		所占比例（%）	20.40

进一步对土地属性进行统计，表 4-24 的结果显示，样本区域农户基本上都已经完成确权颁证工作。农户承包地的平均经营面积为 6.24 亩，承包的地块数量平均值为 3.84 块，最大值达到了 70.00 块，这说明在家庭联产承包责任制刚实施时期，样本地区承包地细碎化问题十分严重。而经过农村土地"三权分置"改革，放活经营权等方式，如今样本农户经营的耕地平均面积为 25.34 亩，较之前有相当程度的增加，同时经营的地块数平均为 3.96 块，较之前未有明显增加，这在一定程度上表明样本区域积极促进农村土地流转，进行土地整理以增加土地经营面积实行土地连片经营。但现经营的地块数在 5 亩以上的平均只有 0.46 块，不足 1 亩的地块数平均有 1.57 块，这说明样本地区经营地块大多集中在 1~5 亩间，仍存在着农地细碎化问题，农地连片规模经营还需进一步推进。

表 4-24   农地流转情况分析

项目	承包地面积（亩）	承包地块数（块）	是否确权颁证	现经营的耕地面积（亩）	现经营的承包地面积（亩）	现经营的地块数（块）	不足 1 亩的地块数（块）	5 亩以上的地块数（块）
均值	6.24	3.84	0.93	25.34	4.68	3.96	1.57	0.46
标准差	16.44	3.09	0.26	452.07	31.38	8.37	2.99	2.24
最小值	0.00	0.00	0.00	0.00	0.00	0.00	0.00	0.00
最大值	360.00	70.00	1.00	17619.6	1100.00	150.00	70.00	34.00

2. 农地流转价格情况

以耕地价格作为农村土地资本化程度的直接表征。调研样本中存在 286 户的未流转户和 1114 户的流转户，因此在统计资本化程度时，仅列示 1114 户流转户的耕地价格分布情况。从表 4 – 25 结果可知，江苏省的耕地价格相对比较高，这与耕地的地理位置、耕地质量、水源条件、种植作物等密切相关。同样将农地资本化阈值分为 300 元/亩、500 元/亩、800 元/亩，1000 元/亩。在全部流转户中，耕地价格在 1000 元以上的流转户最多，为 590 户，占总样本的比例为 52.96%，且流转耕地规模也比较大，为 470726 亩；其次为 (800，1000] 元的价格区间，流转户为 353 户，占比为 31.69%，流转面积为 170328 亩；耕地价格在 (500，800] 元区间和 (300，500] 元区间的流转户相对比较少，且流转规模也比较小，该区域主要以种植粮食作物为主，且距离城区较远，农地的比较收益低，因此耕地价格也相对较低。

表 4 – 25 耕地价格分布情况

价格区间	户数（户）	所占比重（%）	面积（亩）
300 元及以下	23	2.06	98
(300，500] 元	34	3.05	194
(500，800] 元	114	10.23	1254
(800，1000] 元	353	31.69	170328
1000 元以上	590	52.96	470726

4.4 本 章 小 节

本章从宏观层面和微观层面两个视角对农地规模经营的发展现状进行分

析，并得出以下结论。

（1）从宏观层面来看，基于官方统计数据的统计描述，我国农地规模经营的历史进程与农地制度变迁紧密相关。从农地规模经营户的数量和构成来看，规模经营户主要分布在东部和西部地区，其次是中部地区，最后是东北地区。

（2）从微观层面来看，基于山东省平度市的调研数据和中国土地经济调查数据可知，平度市的经营规模在（50，200］亩样本户占比最多，而中国土地经济调查的数据小规模农户（0，50］亩样本量最多，占比为73.71%，其次为（50，200］亩的规模经营户，占比为18.14%。通过对比分析，两个调研区域规模经营户的种植结构，均以粮食种植为主，这也与所选调研区域均分布在粮食主产区有关。

第 5 章

"三权分置"制度对农户土地规模
经营行为决策的影响分析

由第 3 章的理论分析可知，在制度变迁过程中，农户的经营行为决策会受到现行制度安排的影响。因此，在"三权分置"制度安排下，农户土地规模经营决策会受到何种程度的影响，以及会发生何种变化，这是本章的研究重点。因此，本章遵循"如何更好地发挥人的主观能动性、释放农村土地的生产力，最大限度提高农村土地的利用效率，增加农民的财产性收入，协调农村经济'公平'与'效率'的实现"这一政策制定和改革的方向。选取山东省调研数据，从理论和实证两方面验证"三权分置"制度对农户土地规模经营的影响路径及影响效应。

5.1 "三权分置" 制度与农户土地规模经营
行为决策：理论解析

"三权分置" 并不是弱化土地所有权，其创新点就在于产权细分，进一步放活经营权，提倡农村土地规范有序流转，从而不断提高农户的财产性收入。因此，从理论上来说，"三权分置" 制度为农地资本化提供了制度保障，在优化土地、劳动力、资金等要素配置方面放松了约束条件。

5.1.1 影响路径分析

农村土地 "三权分置" 制度对农户的要素投入、农业生产经营方式有了重要变化，土地经营权作为一种新创设的产权，是一束权利，在操作层面可以进行具体细分及交易，并且也为土地资本化改革创新提供了更多路径选择。通过农地托管、土地股份合作、土地经营权抵押等路径，放松了农户家庭资源禀赋的限制条件，进而缓解了农户实现土地规模经营的要素约束，其影响路径主要表现为以下三个方面（如图 5 - 1 所示）。

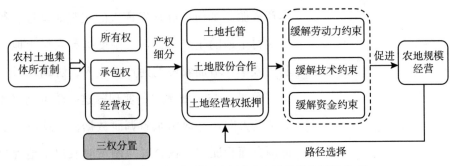

图 5 - 1 "三权分置" 制度影响农地规模的路径分析

1. 缓解劳动力约束

随着城镇化进程的推进以及城乡二元结构导致的工资差异，非农就业的比较收益吸引了大量农村剩余劳动力向城市转移，农村实际劳动力以年老体弱以及留守妇女为主，导致家庭农业劳动力数量不足（钟甫宁等，2016），对农业生产"谁来种地"提出了严峻挑战。"三权分置"制度下的盘活经营权不仅仅是一个流转的概念，关键是经营权的产权细分和诱导农业的纵向分工（罗必良，2015；肖卫东，2016）。农村土地托管服务嵌入农业生产是将家庭经营卷入社会分工，从服务视角破解资源环境约束与农户行为约束，是弥补政府规制效率低和市场激励不足最为直接的有效路径和政策策略（陈锡文，2017；郭晓鸣等，2018），有效地缓解了农户家庭劳动力不足的约束。从要素配置视角，当农业劳动力价格升高时，土地托管通过改变劳动力的要素投入结构实现分工优化（高恩凯等，2022），比如农机的使用可以有效替代劳动投入。通过市场机制，实现劳动力要素的替代，突破了农户原有资源禀赋限制，有利于农户通过多种渠道进行土地的流转增值。

2. 缓解技术约束

始于 20 世纪 80 年代初的家庭联产承包责任制极大调动了农民的积极性，取得了举世瞩目的政策效果，但"一家一户"承包经营制的零碎分割带来效率损失，严重抑制了农业集中化、规模化生产以及现代生产技术的采用。农业生产成本高、比较收益低下、自然风险大导致农户从事农业生产积极性不高、规模经营意愿不强（张红宇，2005）。农业技术的推广和应用是实现农业现代化的关键要素之一。基于家庭内部的横向分工视角，农户通过土地入股合作实现农地的连片规模经营，从而有利于化解生物化学技术（化肥、农药等）不可分的规模门槛（Wu，2018；张梦玲，2022）。另外，基于新型经营主体与农户纵向分工深入视角，新型经营主体通过导入测土配方施肥、植保无人机技术引导小农户采纳先进绿色技术（郑适，2018），通过农资供应、统防统治、技术指导、产品销售等服务，有效促进农户采纳先进农业技术（杜三峡等，2021；方振、李谷成，2022），增加了农业经营收益和获利能力，从而促进农户积极参与农地资本化。

3. 缓解资金约束

从农地规模经营主体方面来说，资金约束是限制农地资本化的重要因素之一。随着土地经营规模的不断扩大，农业生产的投资也不断增加，再加上农业生产的不同环节所使用农业机械的差异化，资产专用性强。高额的资金投入会增加生产经营主体的生产负担，限制了农业规模经营主体进行农地资本化的行为。而土地经营权抵押贷款可以有效缓解因为土地固定资产投资、购买机械等面临的资金约束，从而有利于农户扩大土地经营规模。

5.1.2 农户决策模型

传统的供需理论认为在技术、收入保持不变的前提下，商品的需求量或供给量只随价格的变化而变化。对农户而言，农业生产品往往也是农户的主要消费品（Singh，1986），因此，农户的生产决策与消费决策联系在一起，农户决策模型的出现为这一问题的解决提供了很好的研究思路，可以分析农户在不同情景下做出的生产（技术选择、要素配置、产出规模等）决策和消费（需求、劳动力供给）决策（Bardhan and Udry，1999）。在完全竞争的条件下，农户的生产决策和消费决策具有可分离性特点，决策过程可以分为两步：第一步，基于要素禀赋资源配置的生产利润最大化；第二步，在收入约束前提下的消费者效用最大化。值得注意的是，现实中如果存在市场不完善或者两个以上的市场不完善时，诸多研究结果也表明不能完全拒绝农户生产和消费可分离性的前提假设。一般而言，农户消费函数中的家庭特征和个体特征作为函数变量，不受农业生产中劳动力需求所影响，具有可分性特征。可分性也意味着农村土地和劳动力可以自由交换，当土地经营达到一定规模时，劳动力供给不足可以通过雇工或者转出（出租）土地来缓解；相反，土地经营规模有限，且劳动力供给充足，也可以通过劳动力市场吸收剩余劳动力或转入（租入）更多土地的方式配置劳动力和土地资源要素。此时，基于农业生产利润最大化，农户来配置劳动力和土地投入量，再通过农业收入来影响其消费。

基于以上分析，借鉴巴德汉和尤迪（Bardhan and Udry, 1999）和德尼格等（Deininger, Jin and Nagarajan, 2008）的农户决策模型，来分析"三权分置"制度对农户农地流转决策的影响。为了便于分析，假定农业生产要素市场是完善的且农户的生产和消费是可分，农户生产经营的目标是利润最大化。此外，还假定农业技术是不变的，且不区分农作物类型，农户生产函数中仅包含劳动力和土地两种要素。

模型中假定农户的自有土地面积为 N，"三权分置"制度下的产权细分，可以进一步活跃农村土地流转市场，农户通过土地流转市场可以租入土地，也可以租出土地，则农户的实际经营土地面积为 $\bar{N}$，土地价格为 r。L_g 农业雇佣劳动力，L_f 为农户家庭内自有劳动力，w 为农业劳动力工资。p 为农产品价格，农户的农业生产函数为 $Q = f(L, N)$。农业生产和消费具有可分性，且劳动力和土地经营权可以自由交换，因此，对农户而言，分土地转出户和土地转入户。

农地转出户农业生产利润：

$$\max R = p \times f(L, N) + (N - \bar{N}) \times r - L_f \times w \qquad (5-1)$$

农地转入户农业生产利润：

$$\max R = p \times f(L, N) - (\bar{N} - N) \times r - (L_f + L_g) \times w \qquad (5-2)$$

为了确保农户的目标函数有极大值，其一阶条件是：

$$\begin{cases} p \times f(L, N)_L = w \\ p \times f(L, N)_N = r \end{cases} \qquad (5-3)$$

当所有市场都完善时，农户的消费效用函数为 $U = u(Q_c, Q_m)$，其中，

Q_c 为农产品消费量，Q_m 为农产品以外的消费品。其收入约束条件为

$$p \times Q_c + p_m \times Q_m = p \times f(L, N) + (N - \bar{N}) \times r - L_f \times w \qquad (5-4)$$

$$p \times Q_c + p_m \times Q_m = p \times f(L, N) - (\bar{N} - N) \times r - (L_f + L_g) \times w \qquad (5-5)$$

不同类型的农户分别在式（5-4）和式（5-5）的收入约束下，为获得最大农业生产利润，需要满足式（5-3）的条件。表明在生产均衡的状态下，家庭投入一单位土地的农业生产边际收益等于单位土地的流转租金，投入单位劳动力的边际收益等于劳动力工资，这时农业的生产决策，与其禀赋偏好无关，即农户模型中的可分性特征。也就是农户根据式（5-1）和式（5-2）选择转出（或转入）土地和劳动力投入来实现生产利润的最大化，在收入约束下实现消费效用最大化。

5.1.3　理论分析框架

上述农户决策模型表明"三权分置"制度通过影响土地流转市场来改变农户生产要素资源配置组合。农户是否转出（或转入）土地取决于生产利润。从理论上来说，农地规模经营不仅能够提高土地的利用效率，而且还可以促进农业现代化、机械化水平，增加农民收入。但在长期的农地流转实践中也衍生出诸多问题，比如农地经营兼业化、粗放化乃至撂荒化等现象；流转合同不规范，农民承包权益难以保障；流转土地非农化、非粮化等。影响农户参与农地流转意愿的影响因素主要有以下几个方面：农户的个人特征因素，如性别、教育、年龄、单位性质（冯艳芬等，2010）；家庭特征因素，如家庭规模、家庭年龄结构、农业劳动人数、家庭类型、家庭收入等因素（李启宇、张文秀，2010），以及市场因素，如农地流转价格、区域经济发展水平、距离市中心的距离等（李放、赵光，2012）。农户的农地流转意愿还深受农村社会保障因素的影响（何欣，2016）。农地的细碎化程度（用土地块数标识）、土地质量、利用现状（机械化等）、分散程度（离家的远近）与

农地的地形地貌（山区、丘陵、平原）等农地的禀赋条件对农户农地流转意愿也有相当的影响（钟文晶，2013）。此外，非经济因素也会对农户流转意愿产生影响（马贤磊、仇童伟，2016）。

农户农地流转意愿主要是指农户依据个体认知和参与体验对农地流转过程中的投入、收益和风险等事件综合评价之后的态度反映。一方面，个体认知受计划行为理论影响。行为态度是指个人对该项行为所持的正面或负面的感觉（Lapiere，1934），拉皮尔（Lapiere）在 1934 年的调查中发现了个体态度并非与实际行为是一致的现象。直到阿赞（Aizen）提出了计划行为理论，即将理性行为理论加以延伸，增加了第三个行为倾向的决定因素——知觉行为控制，从而使得对行为的解释和预测更加具有合理性。农户是土地流转过程中最重要的主体，在农地流转过程中受个人特征及家庭特征因素影响较大。

依据经济学中"理性经济人"假设，农户在进行农地生产投入决策时，会对目标收益和成本进行比较，最终选择使自己利益达到最大化的经济行为（孙彦，2007）。同时，未来的不确定性必然对人们的经济行为产生决定性的影响（裴厦等，2011）。另外，农地流转意愿还受到农户对农地流转政策认知程度（了解程度、参与程度、价值认可程度）的影响。从农户自身微观角度出发，考虑个体特征、家庭特征、风险预期和政策认知四个方面对农户土地资本化意愿的影响，从而建立一个农户土地规模经营的意愿影响因素的分析框架，如图 5-2 所示。

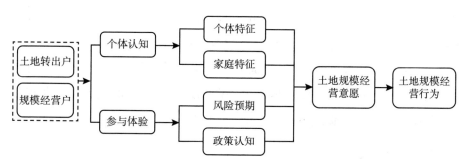

图 5-2　农户土地规模经营行为影响因素分析框架

1. 个体特征

农户作为"理性经济人"，个体特征必然会对土地流转意愿产生影响。户主年龄、性别、受教育程度、兼业水平等被认为是影响农户土地流转意愿的一些重要的个体特征。其中，户主年龄对农地流转的影响呈"U"型特点，农户会随着年龄的增大，非农就业机会的增加，更倾向于将土地流转出去。但是超过某一年龄后，部分年老者出于对土地的依赖，转出土地的意愿相对较弱。在一般情况下，男女生理性特征呈现的差异性会带来外出就业能力的差异，通常男性就业能力强于女性。而且农户受教育程度越高，对市场变化的反应能力就越快，非农就业就越容易，因此越愿意转出土地。

2. 家庭特征

家庭农业劳动数量和收入是影响农地资本化的重要因素。家庭年收入是衡量一个家庭经济水平的重要指标，并且影响着农户土地依赖程度和风险承担的能力，进而影响着农户土地流转的意愿，即随着家庭年收入的增长，农户的土地资本化意愿也越来越强。另外，家庭承包农地面积和家庭非农劳动力人数也是关键变量。

3. 风险预期

风险预期是指投资人对投资风险的一种评估与判断。本书所指的风险预期指的是农户参与土地资本化之后给社会保障和土地利用所带来的不确定性的评估与判断，主要指的是社会保障风险和土地利用风险。在社会保障风险中，依靠家庭养老的农民倾向于保留农地，而依靠商业养老和社会养老的农民则倾向于进行农地的流转。农村社会保险水平越高，越能减少农民对农地的依赖，农地流转率也就越高。土地利用风险指的是在参与农地流转过程中，对农地不合理的利用，导致土地肥力下降和地力衰退，而且土地的非粮化、非农化和撂荒的风险都会降低农户参与土地资本化的意愿。

4. 政策认知

政策认知主要指的是农户对政府制定的农地流转政策的了解程度、农地流转政策执行过程中的参与程度,对农地流转政策实施效果的认可程度以及对合作社运营制度、组织机构和有关政策的了解程度。一般而言,农户对农地流转政策的目标、内容了解的越多,参与感就越强,流转意愿也就越强烈。从理论上讲,农民专业合作社是连接农户和市场的纽带,农户加入合作社可以有效降低农产品销售的信息搜寻成本,从而越有可能参与土地流转。

5.2　模型构建及变量选择

5.2.1　模型构建

研究农户土地规模经营行为,作为因变量取值属于定性的离散变量,采取多元选择模型,可以解决这类问题。因此,对农户土地规模经营行为及其影响因素的分析,本书采用多值 Logistic 随机效用回归模型来进行。将因变量 y 的取值限定为集合 $\{y \mid y = 0, 1, 2\}$。对农户土地规模经营行为,将"不愿意参与农地流转"定义为 $y = 0$,"转出农地"定义为 $y = 1$,"转入农地"定义为 $y = 2$。假设农户 i 选择土地规模经营行为 j 的概率为

$$\mathrm{P}(y_i = j \mid x_i) = \frac{\exp(x_i' \beta_j)}{\sum_{k=1}^{j} \exp(x_i' \beta_k)} \qquad (5-6)$$

$$\ln L_i(\beta_1, \cdots, \beta_2) = \sum_{j=1}^{J} l(y_i = j) \times \ln \mathrm{P}(y_i = j \mid x_i) \qquad (5-7)$$

其中,i 为样本农户,$i = 1, 2, 3, 4, \cdots, n$;$j$ 为农户土地规模经营行为,$j = 0, 1, 2$;x_i 为影响农户土地规模经营行为的因素。根据上文的分析,个体特征选取性别、年龄、学历、兼业化水平作为衡量因素;家庭特征变量选取家庭年收入、家庭承包耕地面积(亩);风险预知变量选择家庭成员中有

无参加社会保障人员、本村是否进行过土地调整、是否接受过专门技术培训为主要因素；政策感知变量选择对"三权分置"政策的知晓程度、是否有政府补贴、是否加入合作社为主要变量。β_j 为待估计参数。$l(\cdot)$ 为示性函数，即如果括号中的表达式成立，则取值为 1；反之，取值为 0。将所有个体的对数似然函数加总，即得到整个样本的对数似然函数，将其最大化则得到系数估计值 $\hat{\beta}_i$，…，$\hat{\beta}_j$。

5.2.2 数据来源及变量说明

平度市是山东省面积最大的县级市，同时也是比较典型的农业大市、农业强市。由于山东省平度市各市镇的农业发展情况存在差异，为了尽可能反映不同区域农地资本化的现状，2018 年 9 月课题组就农村土地流转与土地政策等情况对平度市白埠镇、崔家集镇、大泽山镇、店子镇、蓼兰镇、明村镇、南村镇、田庄镇、同和镇、新河镇、尹家楼 11 个村镇开展问卷调查和农户访谈。共发放问卷 450 份，回收有效问卷 434 份，占问卷总数的 95%。

为了进一步量化"三权分置"背景下农户土地规模经营行为决策及其影响因素，本书共选取 434 个样本量，其中 408 户样本农户的平均年龄为 54.706 岁，学历水平平均值为初中，说明平度市农村受教育水平较低；兼业化水平的均值在 1.838，接近 2，农户趋向以务农为主，闲暇打工；家庭承包耕地面积 68.288 亩，侧面反映出了平度市在推进土地规模经营方面做得较好；家庭中参加社保的均值在 1.005，说明大部分家庭参与了社保；本村是否进行土地调整、对"三权分置"的知晓程度、是否接受过专门技术培训、土地流转是否有政府补贴以及是否加入土地流转合作社的均值均在 1.5 左右，主要变量的描述性统计特征见表 5 - 1。

表 5－1   主要变量的描述性统计特征

变量名称	均值	标准差	最小值	最大值
性别	1.319	0.467	1	2
年龄	54.706	11.386	17	84
学历	2.025	0.872	1	5
兼业化水平	1.838	0.880	1	4
家庭年收入	0.396	0.382	0	1.59
家庭承包耕地面积（亩）	68.288	156.108	0	1500
家庭成员中有无参加社会保障的人员	1.005	0.070	1	2
本村是否进行过土地调整	1.512	0.500	1	2
对"三权分置"政策的知晓程度	1.571	0.496	1	2
是否接受过专门技术培训	1.445	0.696	0	2
土地流转是否有政府补贴	1.172	0.377	1	2
是否加入合作社	1.787	0.410	1	2

5.3　实证结果与分析

在进行回归之前，本书先对纳入模型的自变量进行相关性分析，进一步验证各自变量之间是否存在多重共线性。利用方差膨胀因子（VIF）和容忍度（TOL）进行检验的结果表明，各自变量的平均方差膨胀因子（VIF）为1.34，其中自变量中 VIF 最大值为1.88，对应的 TOL 值最小达到0.53。因此，可以判断该模型中多重共线性问题并不严重，模型相对比较稳健。见表 5－2。

表5-2   各自变量方差膨胀因子和容忍度测算结果

变量	VIF	TOL(1/VIF)
是否接受过专门培训	1.88	0.533
本村是否进行过土地调整	1.71	0.585
学历	1.51	0.661
年龄	1.48	0.678
家庭承包耕地面积（亩）	1.36	0.736
家庭年收入	1.27	0.787
兼业化水平	1.23	0.815
土地流转是否有政府补贴	1.19	0.840
是否加入合作社	1.10	0.908
对"三权分置"政策的知晓程度	1.05	0.952
家庭成员中有无参加社会保障的人员	1.02	0.979
VIF 均值	1.34	

本文利用 Stata14.0 软件对模型进行估计，农户土地流转意愿影响因素回归结果如表5-3所示。由表5-3可以看出，R^2 的值为0.7935，说明该模型的拟合效果较好。

表5-3   农户转出土地及土地规模经营行为影响因素的回归结果

变量名称	转出土地意愿		土地规模经营行为	
	回归系数	稳健性标准误	回归系数	稳健性标准误
常数项	20.867	1460.529	3.815	41.590
性别	0.222	0.480	-1.111	1.135
年龄	0.019	0.023	-0.005	0.043
学历	-0.013	0.384	0.031	0.779
兼业化水平	1.446*	0.332	2.654*	0.666
家庭年收入	-1.761*	0.702	-4.354*	1.718
家庭承包耕地面积（亩）	0.121*	0.052	0.216*	0.056
家庭成员中有无参加社会保障的人员	-22.053	1460.528	-1.681	41.082

变量名称	转出土地意愿		土地规模经营行为	
	回归系数	稳健性标准误	回归系数	稳健性标准误
本村是否进行过土地调整	− 0.907	0.497	− 0.695	1.440
对"三权分置"政策的知晓程度	− 0.183	0.491	0.565	0.945
是否接受过专门技术培训	− 2.591 *	0.618	− 3.955 *	0.991
土地流转是否有政府补贴	6.983 *	1.164	− 2.327	41.160
是否加入合作社	− 2.256 *	0.619	− 0.494	1.298
模型检验	LR chi2 (24)	Prob > chi2	Log likelihood	Pseudo R2
	708.21	0.0000	− 92.137063	0.7935

注：为避免异方差，此处采用稳健性标准误检验，＊表示在 10% 统计水平上显著。转出土地意愿主要是指样本农户中除去家庭农场和专业大户之后的农户转出土地意愿；转入土地意愿主要是指家庭农场和专业大户的转入土地意愿。

5.3.1 农户转出土地意愿分析

转出土地意愿在 10% 统计水平上的显著影响因素有兼业化水平、家庭年收入、家庭承包耕地面积（亩）、是否接受专门技术培训、土地流转是否有政府补贴、是否加入土地流转合作社。结果见表 5 - 3。

兼业化水平的回归系数为正，说明兼业化水平和转出土地意愿有显著正向影响。农户兼业化水平越高，农户获得的其他收入就会越高，就越能促进农户转出土地；家庭年收入的回归系数为负，说明农户从事务农为主的家庭年收入越小，越倾向于外出打工，从而导致家庭劳动力减少，务农压力较大，农户转出土地的意愿就越强烈，就越能促进土地流转；家庭承包耕地面积（亩）系数为正，说明其和转出土地意愿有显著的正向影响。家庭承包耕地面积（亩）越多，转出之后所获得收益也就越大，加之家庭非农劳动力人数比重大，从事农业的劳动力人数有限，农地面积越大，从事农业生产的压力也就越大，就越倾向于将多余的农地流转出去；是否接受专门技术培训的系数为负，说明农户受到的专门技术培训越不全面、接受的内容越不完善，缺乏农业方面的专业知识，农户就越有意愿转出土地，从而促进土地流转；土地流转是否有政府补贴的系数为正，说明政府对土地流转补贴程度就越高，农户转出土地的意愿就越强烈；是否加入合作社的系数为负，说明农户对合作社的了解程度越深，就更了解合作社存在的问题和不足，不愿意加入合作社，从而促进农户转出土地。

5.3.2　农户土地规模经营行为分析

农户土地规模经营行为在10%统计水平上的显著因素有兼业化水平、家庭年收入、家庭承包耕地面积（亩）以及是否接受过专门的技术培训。

兼业化水平系数为正，说明兼业化水平越高，农户越容易转出土地给家庭农场和专业大户，家庭农场和专业大户的转入意愿就会越强烈，从而推动土地流转；家庭年收入系数为负，说明农户从事务农的家庭年收入越少，越倾向于转出土地到家庭农场和专业大户，从而导致家庭农场和专业大户的转入土地进行规模经营的意愿越强烈，促进土地转入；家庭承包耕地面积（亩）的系数为正，说明家庭承包耕地面积（亩）越多，越能促进家庭农场和专业大户转入土地，形成规模经营，从而更好地进行规模管理；是否接受过专门的技术培训的系数为负，说明农户接受专门技术培训越不全面、内容越不完善，越能促进农户转出土地给家庭农场或专业大户，从而促进家庭农场和专业大户转入土地。结果见表5-3。

5.4　本章小结

在"三权分置"背景下，农户土地承包经营权的规范有序流转关系到农户的切身利益，特定的农地流转制度依然是农村经济关系直接体现。为了更好地推动农村劳动力资源优化配置，提高土地的利用率，不断增加农业经营收入和农民家庭的收入，本章对山东省平度市农户土地规模经营行为的影响因素进行了系统分析，认为农户土地规模经营行为受个体特征、家庭特征、风险预期和政策认知的影响，并得出以下结论。

（1）农户对土地流转过程中的风险预期是影响土地流转意愿的决定因素。目前我国在推行土地流转的过程中政府行政权力过大及流转中的监管不力，导致在流转后期农户不满意问题比较突出，达不到预期的效果。实证的结果显示，本村是否进行过土地调整、家庭成员中有无参加社会保障的人员以及土地流转是否有政府补贴和土地流转意愿呈现负向影响，这些也是农户切身关注的问题，关乎农户参与的积极性和满意度。因此，要建立健全严格的农地流转监管机制，切实做到事前事中和事后的严格监管，防止土地非粮化、非农化和撂荒等行为发生。

（2）农户土地流转意愿受政策认知的影响。实证结果显示，农户对"三权分置"政策的知晓程度与转出土地流转意愿呈负相关。进一步说明了政策执行过程和效果是农户关注的重点，我们要重点加大宣传力度，提高农户对"三权分置"的知晓程度和土地流转的参与程度，在农户土地流转过程中，应充分尊重农户的意愿，保证农户的参与权，提升农户的价值认同感。

（3）个体特征和家庭特征也是影响农户土地规模经营行为的重要因素。农户受经济理性的影响，经济收益仍然是影响农户土地规模经营行为的重要因素。研究结果显示，个体特征中兼业化水平和家庭特征中的家庭年收入和家庭承包耕地面积（亩）是影响土地转入转出意愿的显著因素。兼业化水平越高，农户获得的其他收入就越高，越容易转出农地，家庭农场和专业大户就会倾向于转入农地。家庭承包耕地面积（亩）多的农户，由于兼业化水平较高，导致从事农业的农户较少，家庭承包耕地面积越大农户的压力越大，因而更倾向于转出农地，家庭农场和专业大户就越容易转入土地。因此，需要加大普及"三权分置"政策的力度，使农户全面了解该政策，并尽可能保障农户的经济收益，提升农户参与土地流转的意愿。

| 第6章 |

产权细分、土地规模经营
与农民收入分析

上述农地规模经营的相关理论解释为研究
"农地规模经营的收入效应"问题提供了一定的
理论指导和方法借鉴。土地规模经营是实现农村
土地资本化的前提,因此,追求规模经济效应的
新型经营主体(农业经营主体主要包括家庭农
场、种粮大户、农业企业、专业合作社等经济组
织)创造了土地需求,同时也为存在分散经营的
农户提供土地供给。本书依据西蒙(Simon)提
出并修正的"有限理性经济人"假设为研究前
提,即农户是否进行土地规模经营是"自选择"
的结果,决定其进行土地规模经营的动力在于是
否能获得收入效应。本章基于平度市调研数据,
对以上问题进行实证检验。

6.1　产权细分、土地规模经营
对农户收入的影响机理

"三权分置"制度的创新之处在于将土地经营权放活并推向市场，有利于进行农地的资本化运作，其核心在于实现土地的规模经营。实际上，在"三权分置"提出来之前，全国各地就已在积极探索适合区域发展的资本化路径，如出租、转包、入股、信托等。一方面，农地规模的细碎化，大大降低了农户对土地进行投资的积极性，同时也增加了农业生产的管理成本。另一方面，"两权分离"下的家庭经营专业化程度偏低，增大了市场交易成本。以上都导致我国农村土地规模经济效益无法体现出来。

可以说，农户作为"理性经济人"，所经营的农地是否进行资本化运作是由现行土地产权制度、农业要素禀赋及经营收益预期共同决定的。图 6-1 给出了在一定制度和经济资源激励下农户扩大农地经营规模的经济解释。图中曲线 P 和 C 分别代表了农业生产函数和成本函数。A 点是相切于生产函数曲线 P 的 k_1 且平行于成本函数曲线 C，这时边际成本等于边际收益，农户的当期收益最大，所对应的最佳土地经营规模为 L_1。然而得益于科技创新带来的技术外溢效应和农业研发投入的知识产出效应，持续的技术进步增加了农业生产的可能性边界，使得生产函数曲线由 P 上移到 P_1，在此情况下，平行于成本函数的 k_2 相切于生产函数曲线 P_1 的 B 点，农户最优土地经营规模扩大到 L_2。另外，各级政府通过农业补贴①的形式，调动土地经营者的种粮积极性，同时增加土地经营者的利润水平，降低其农业生产成本，使得农业成本函数曲线由 C 下移到 C_1，平行于 C_1 的 k_3 与生产函数曲线 P_1 相切于 E 点，

---

① 如国家农资综合补贴、种粮补贴和地方农地流转补贴等。另外，山东省滕州市和平度市政府，为鼓励土地规模经营，给予土地流入方每亩 100 元的补贴。

农户的最优土地经营规模继续增加到 L_3。因此，在"三权分置"制度的激励下，充分发挥市场机制的作用，实现土地的财产性功能，鼓励农户获得更高的土地经济租金，新型经营主体需要与资本化运行相匹配的土地经营规模，进而产生了对租入土地的需求。简而言之，技术和农业补贴等因素将会影响农户流转土地规模，继而影响农村土地资本化的进程。

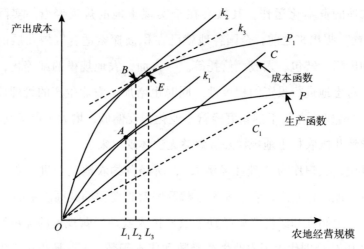

图 6-1　技术进步、农业补贴与农地经营规模变化

从理论上来说，产权细分促进了农村土地资本化运作，而农地资本化通过专业化、产业化、一体化的生产经营模式，对土地资源重新配置，从而形成了新的农业聚合规模。从微观农户出发，农户进行土地流转的意愿（至少不反对）取决于预期利润，尤其对于土地规模经营主体而言，随着经营规模的扩大，如果最终导致其平均成本和交易成本下降、产量上升，不仅实现了农地规模经营的规模经济效应，而且能够使经营主体获得生产竞争优势。然而，值得一提的是，假设市场价格不变或者说农产品的收购价不变，农地规模经营带来了产出的增加，但如果成本上涨的幅度大于产出增加的幅度，即平均成本上升，最终规模经营主体的总收益也没有提高，甚至下降，这与成

本弹性有关。成本弹性是针对产出而言的，即在技术水平和价格不变的条件下，产出（规模）的变动所引起的成本相对变动。进一步讲，如果产出（规模）增加的幅度大于成本增加的幅度，即成本弹性大于1，平均成本下降，那么规模经营主体处于规模收益递增阶段，扩大规模会带来收益的增长。从这个层面上来理解，规模收益递增可以实现规模经济。反之，若成本弹性小于1，那么扩大规模会带来收益的递减。因此，农村土地资本化也应以适度规模经营为基础，"适度" 主要以规模经营产出的平均成本是上升还是下降来衡量。

6.2　模型构建与变量选择

6.2.1　农户土地规模经营行为决策模型

为了更好地验证农户土地规模经营是否会增加收入这一研究主题，为了估计倾向得分，卢森堡姆（Rosenbaum）和鲁宾（Rubin）建议采用形式灵活的 Logit 模型。因此，本节借鉴贝塞里尔（Becerril）和阿卜杜拉（Abdulai）所采用的随机效用决策模型进行估计。假定农户进行土地规模经营产生的效用为 U_1，不进行土地规模经营的效用为 U_0，两者之间的效用差为 $M^* = U_1 - U_0$。当然，M^* 是不可观测的，但是可以用可观测的变量函数形式表达。因此，农户土地规模经营行为决策模型基本函数形式为

$$M^* = U_1 - U_0 = f(X) + u, \ M = \begin{cases} 1 & M^* > 0 \\ 0 & M^* < 0 \end{cases} \qquad (6-1)$$

其中，M 为两值变量，如果 $M^* > 0$，则 $M = 1$，表示农户进行土地规模经营；反之，$M = 0$，表示农户不进行土地规模经营。X 为影响农户土地规模经营行为决策的外生解释变量，u 为随机干扰项。在此基础上，可以设定土地规模

经营对农户收入的影响方程：

$$Y = f(T) + \delta M + \varepsilon \qquad (6-2)$$

其中，Y 表示农户的收入福利水平；T 为控制变量集，Z 为农户是否进行土地规模经营的两值变量，参数 ε 为扰动项。由于 M 的取值为 0 或者 1，所以参数 ε 可以测量出农户土地规模经营净收入效应。

6.2.2　反事实研究框架与 PSM 模型

已有的研究显示，由于农户是"自选择"是否进行土地规模经营，因此会存在某些不可观测的因素（如生产偏好、管理技能或家庭富裕程度等）影响参与决策，进而导致有偏的估计结果。对此，本书采用倾向得分匹配法（PSM）克服调研对象"自选择"问题。为了更加准确地测算进行土地规模经营后农户（处理组）所获得福利效用，因此选用未进行土地规模经营的农户（对照组）进行匹配分析，鉴于两组农户样本的划分是非随机的，很难确保两组样本的概率分布保持一致。为解决这一问题，卢森堡姆（Rosenbaum）和鲁宾（Rubin）构建一个有别于方程（6-2）的反事实分析框架，可以更加有效地测度土地规模经营后的福利效应，从而有效消除样本非随机分布的有偏估计。由于无法获得已进行土地规模经营的农户在未参与之前的福利效应，从而会造成样本选择性偏误。因此需要找到与其尽可能相似的对照组，通过构造一个反事实的情景假设框架来降低这种偏误。在此背景下，定义处理组（参与户）的平均处理效应（ATT）为

$$ATT = E(Y_1 \mid M = 1) - E(Y_0 \mid M = 1) = E(Y_1 - Y_0 \mid M = 1) \qquad (6-3)$$

其中，Y_1 为农户参与土地规模经营时的福利水平，Y_0 为农户不参与土地规模经营时的福利水平。ATT 研究的前提假设为在农户进行土地规模经营时（$M = 1$），测算出该农户在不进行土地规模经营时福利差（$Y_1 - Y_0$），即可得到土地规模经营对农户福利的影响。然而，在式（6-3）中，$E(Y_1 \mid M = 1)$

的结果是可以观测到的，而 $E(Y_0 \mid M = 1)$ 观测不到，称为反事实结果。因此，可以用倾向得分匹配法构造 $E(Y_0 \mid M = 1)$ 的替代指标。即在给定一组协变量的前提下，通过倾向得分匹配（PSM）方法构造一组（对照组）与土地规模经营农户（处理组）相匹配的虚拟样本组，继而建立一个合理的反事实框架。在两组样本户协变量尽可能相似或相同的前提下，计算每个样本户进入处理组的倾向得分。这种方法不仅可以准确评价土地规模经营的福利效应，而且可以对比两组匹配样本福利效应的来源及差异特征。

6.2.3 数据来源

在实践中，土地进行规模经营取决于各地区地理位置、自然资源、经济发展与科技水平的不同而呈现不同的实践形式，而不同实践形式在经济发展不平衡地区之间的兼容性问题依然存在。因此，农村土地规模经营需要因地制宜地发展。为了有效测算土地规模经营的福利效应，本研究在选取实地调研区域时充分考虑了两个现实条件：一是调研区域具有典型代表性，且有土地规模经营形式可供农户选择；二是农户参与与否是"自选择"结果，能够代表自己的真实意愿。

鉴于以上两个现实条件，本书选取山东省平度市为调研区域。平度市地处山东半岛东部，毗邻青岛市，不仅经济发展水平在全省领先，而且平原面积占比在全省也居于前位。该市作为国家现代农业示范区之一，土地流转率达到40% 以上，土地资本化形式以租赁和入股为主[①]，入股形式较少仍处在探索推进阶段。本书所用数据来自课题组于 2018 年 7 月、8 月和 11 月以及 2020 年 7 月四次对平度市南村镇、白埠镇、崔家集镇、大泽山镇、店子镇等 13 个村镇开

---

① 承包户将土地承包权转让给集体经济组织内其他成员的行为属于土地承包权的资本化；承包户将土地经营权出租（转包）、抵押、入股等行为属于土地使用权的资本化；经营主体将土地经营权再流转或抵押的行为也属于土地使用权的资本化（全世文、曾寅初，2018）。

展随机抽样调查，有效样本总规模为877户，其中非参与户为443户、租出户（含入股户，入股户为本地以承包经营权入股的农户，也算作农地供给方）为259户、土地规模经营户为175户。为了尽可能降低不同分组农户样本的概率分布的差异性，以及考虑到土地规模经营的区域适应性等方面，本研究所选调研区域特定，所以在样本匹配上也尽可能地减少由于组间差异性而导致的有效样本缺失。

6.2.4 变量选取与描述性分析

本研究主要考量土地规模经营的福利水平变化，因此，采用福利经济学中传统的家庭人均纯收入作为福利指标。为了估计倾向得分，采用形式灵活的 Logit 模型估算农户土地规模经营的条件概率拟合值，其中关键解释变量为农户是否进行土地规模经营。对于控制变量从四个层次进行选择，分别为：户主特征、家庭特征、制度认知和外部环境。

表6-1的统计结果显示[1]，土地规模经营户的福利水平要显著高于未参加的农户[2]，并且在1%的水平上通过了t检验。

表6-1 主要变量描述性统计特征及差异分析

指标类型	指标名称	非参与户	土地租出户	均值差异的t检验（H_0：B-A=0）	规模经营户	均值差异的t检验（H_0：C-A=0）
		均值A	均值B	t值	均值C	t值
福利指标	家庭人均纯收入（*income*）	7146.64	8138.58	1.68 *	21875.10	9.41 ***

① 表6-1中对调研对象划分为三类：未参与户、租出户（土地供给方）和租入户（土地规模经营方）。由于调研区域内资本化形式出租的农户要多于入股的农户，未清晰界定，在此就统一为租出户和土地规模经营户，而不是入股户和非入股户。

② 由于被调研农户的进行土地规模经营多数属于"自选择"行为，所以以统计指标的显著差异并非一定是土地规模经营造成的，也有可能是其他因素导致的，需要进行匹配后才能验证这种差异性。

续表

指标类型	指标名称	非参与户	土地租出户	均值差异的 t 检验（H₀：B－A＝0）	规模经营户	均值差异的 t 检验（H₀：C－A＝0）
		均值 A	均值 B	t 值	均值 C	t 值
户主特征	年龄（age）	58.85	56.93	－1.73 *	47.27	－12.17 ***
	受教育程度（edu）	1.66	1.93	3.54 ***	2.54	12.42 ***
家庭特征	家庭非农业收入占比（rate）	0.53	0.58	2.37 ***	0.67	10.45 ***
	家庭成员的兼业化水平（part）	1.44	1.88	5.50 ***	2.16	11.96 ***
	家庭承包地面积（area）	6.05	9.57	4.89 **	89.84	14.20 ***
	家庭参加社会保障人数（insur）	2.99	3.20	1.18	3.30	1.62
	是否接受过技术培训（tech）	1.96	2.85	4.31 ***	3.02	15.23 ***
交易特征	土地价值（price）	1361.71	1447.24	1.81 **	768.42	－4.32 **
	是否有土地承包经营合同（cont）	1.13	1.24	2.95 *	1.16	5.12
	享有各项补贴的数目（subsidy）	1.68	1.96	1.37	2.93	1.79 *
外部环境	是否加入合作社（organ）	1.94	1.71	－6.68 ***	1.77	－5.32 ***
	村庄到市区的距离（distance）	32.73	26.79	－9.12 ***	29.14	－5.16 ***

注：* 表示在10%水平上显著，** 表示在5%水平上显著，*** 表示在1%水平上显著。下同。

（1）从户主特征来看，规模经营户的年龄要显著小于租出户和非流转户的年龄，这表明相对年轻的户主从事农业规模经营的意愿会更强。而对于户主受教育程度指标的设置，按照学历越高，赋值越大的原则进行统计，受教育程度越高，租出户租出土地从事非农就业的可能性越大，而对于规模经营户来说，农业规模经营需要使用先进的农业技术及现代生产管理经验，因此对规模经营者的受教育程度要求不断提高。

（2）从家庭特征来看，家庭的非农收入占比和家庭成员的兼业化水平代表了家庭成员非农就业的能力或非农就业机会。家庭非农收入占比越高，租出户租出土地的概率越大，而租入土地的可能性越小。由于农业的比较效益低下，对于小规模家庭承包户而言，承包地面积越大，租出土地的意愿越强，越有利于规模经营户进行农地规模经营，从而获得较高的规模收益。由于农村社会保障普及率较高，对于家庭参加社会保障的人数这一指标的组间均差差异并不显著，并未通过 t 检验。当前农业生产已由劳动密集型生产向技术密集型生产转移，因此家庭成员是否接受过专门的技术培训①代表农户是否具有从事高效农业生产的技术水平，接受相关农业技术培训越多，发展高效农业的成功概率越高，租入土地的可能性就越大。

（3）从交易特征来看，土地价值是土地交易市场的关键要素，在本研究中土地价值主要表现为土地租金，如果是农户"自选择"行为，土地租金越高，租出土地的可能性越大，但也存在农户不转租或不进行承包地入股的行为。农地规模经营是通过土地产权交易实现土地增值，产权的稳定性具有较强的行为激励作用，而签订土地承包经营合同起到减少交易成本、减少违约损失的作用。国家和地区的各项"三农"补贴②，不仅有效降低农户的生产成本，而且能刺激土地经营者租入土地的需求。本研究以农户享有各项农业补贴的数量作为控制变量，考察对租出（入）土地的影响。从现实情况来看，农业补贴对生产领域的农户（尤其是土地规模经营者）作用较大。

（4）从外部环境来看，农民专业合作社可以给土地经营管理者提供更多的产前、产中、产后服务以及市场交易信息，降低农产品滞销可能性。因此，加入合作社，对于租入土地的影响会更大。再者，村庄到市区的距离可以用来表示农户外出务工的机会信息，距离市区越近，农户从事非农就业机会就越多，农户越愿意租出土地。

---

① 本研究对于"是否接受过技术培训"这一指标的设置，采用多项选择量化赋分设计，即参加相关农业技术培训（如育种或栽培技术、土肥培育技术、疫病防治技术、地膜覆盖技术、经营管理知识、农机驾驶操作技术、"三品一标"及农产品质量安全知识培训等）越多，赋值越高。

② 在设置该变量时，补贴主要包括：国家层面的"三农"补贴和地区性补贴，比如平度市政府为鼓励土地规模经营，给予土地流入方每亩 100 元的补贴。

6.3 农户土地规模经营收入效应的实证结果分析

6.3.1 农户进行土地规模经营的诱因分析

在进行回归估计之前，本研究先对纳入模型的各控制变量进行了相关性分析，对可能存在的多重共线性问题进行检验。利用方差膨胀因子（VIF）和容忍度（TOL）进行验证的结果表明，两种分组下的各个控制变量平均方差膨胀因子分别为 1.19 和 1.4，并且各控制变量中最大的 VIF 值为 1.62，其TOL 值最低也达到了 0.62。因此，可以判断纳入模型中多重共线性问题并不严重，模型处于可以接受的范围之内。

为进一步解释土地规模经营对不同样本户产生的影响，同时为测算农户收入效应（即 ATT）提供条件概率拟合值，借用了形式灵活的 Logit 模型进行回归估计，回归结果见表 6-2。从两个模型中关键变量的系数估计结果可以得出，受教育程度（*edu*）、非农收入占比（*rate*）、家庭成员的兼业化水平（*part*）、家庭承包土地面积（*area*）、技术培训（*tech*）、土地承包经营合同（*contract*）、村庄到市区的距离（*distance*）的系数符号基本符合理论逻辑，且都通过显著性检验。其中，农户受教育程度越高且通过多项技术培训，租入土地的意愿越强。换言之，随着教育水平的提高，农户进行土地规模经营的福利水平会随着教育程度和技术水平的提高而增加。由于农业的比较收益较低，现阶段普通农户从事非农生产活动逐步向周边及市区的初级服务业转移，因此非农收入占比和家庭成员兼业化水平越高的农户越倾向于租出土地。然而家庭参加社会保障人数（*insure*）在两组模型估计中均不显著，可见随着目前农村社会保障制度的普及与完善，这一变量不足以成为影响农户土地规模经营的关键因素。"是否加入合作社"（*organ*）和"村庄到市区的距离"（*distance*）这两个控制变量，对租入户影响较为显著，这与加入合作社减少交易成本以及距离市区较近可以减少农产品的运输成本密切相关，可见租入户租入土地也需要考量地理位置。另外"享受农业补贴"也是租入户的显著影响因素，尤其对土地规模经营者而言，国家及各地市区出台的各项补贴政策，可以有效降低租入户的土地经营成本，增加经营收益，也是促使规模经营户增加租入土地需求的直接诱因。

表6-2　　基于 Logit 模型的农户土地规模经营参与方程估计结果分析

指标类型	指标名称	土地租出户模型	土地规模经营户模型
户主特征	*age*	−0.113	−0.103 *
	age^2	0.001	0.000 **
	edu	0.398 **	0.313 **
家庭特征	*rate*	0.824 **	−0.845 *
	part	1.091 ***	1.244 ***
	area	0.142 ***	0.130 ***
	insure	−2.690	1.685
	tech	−1.633 ***	1.638 ***
交易特征	*price*	0.000 ***	0.000
	contract	0.797 **	0.747 *
	subsidy		4.135 ***
外部环境	*organ*		−2.557 ***
	distance	0.153 **	−0.138 ***
统计检验	Pseudo-R^2	0.364	0.586
	LR 统计量	212.010	518.630
	样本容量	702	618

　　注：鉴于土地租出户和非参与户的实际调研样本中，对"是否加入合作社"和"享有农业补贴数目"组间差异性不显著，故在实际模型估计时未纳入匹配。

6.3.2 基于 PSM 模型的农户土地规模经营收入效应的测算与分析

1. 平衡性检验和共同支撑域检验

倾向得分估计最重要的目的在于平衡实验组和处理组之间变量的分布，而非得到精确的概率预测。因此在进行 PSM 模型估计之前，为了尽可能减少不同分组样本户概率分布的组间差异性以及确保高质量的匹配结果，本研究对实验组和处理组的解释变量和控制变量进行了平衡检验。表 6-3 结果显示，对比匹配前的结果，解释变量和多数控制变量在匹配后的标准化偏差（% bias）均大幅缩小到 10% 以下，并且多数 t 检验的结果较为显著，这在很大程度上降低了匹配的总偏误，能够有效降低不同样本户的组间差异性。个别控制变量的标准化偏差匹配后在 10% 以上，但仍处于可接受的范围内。上述检验结果表明，不同样本间的解释变量和控制变量的匹配是可取的，用于解释农户的福利水平的变化具有一定的说服力。

表 6-3 最近邻匹配法对各变量的平衡性检验

变量	匹配前后	实验组				处理组			
		均值		标准化偏差	t 值	均值		标准化偏差	t 值
		租出户	未参与户			租入户	未参与户		
income	前	8176	7146.60	28.60	1.22	21875	7146.60	41.50	5.89***
	后	9233.80	6872.90	7.50	2.60***	15116	6872.90	9.30	5.66***
age	前	56.93	58.91	-17.50	-1.78*	52.21	58.91	-31.20	-7.47***
	后	56.84	56.61	1.60	2.12**	53.42	56.61	6.40	0.15
edu	前	1.93	1.67	33.20	3.47***	2.22	1.67	71.90	8.60***
	后	1.91	2.06	-11.10	-1.90*	2.12	2.06	-11	-4.13***
rate	前	0.48	0.53	14.60	-3.41***	0.32	0.53	-33.80	-6.59***
	后	0.52	0.47	13.50	2.13**	0.36	0.47	-7.60	-3.18***

续表

变量	匹配前后	实验组				处理组			
		均值		标准化偏差	t 值	均值		标准化偏差	t 值
		租出户	未参与户			租入户	未参与户		
part	前	1.88	1.43	11.70	5.57 ***	2.01	1.43	2.01	9.02 ***
	后	1.74	1.78	− 3.90	− 2.82 **	1.78	1.78	1.78	3.98 ***
area	前	9.57	6.05	44	4.87 ***	89.84	6.05	55.60	8.60 ***
	后	7.25	9.54	− 8.60	− 2.79 **	54.97	9.54	10	8.92 ***
insur	前	2.09	2.17	9.40	2.46 *	2.66	2.17	− 2.50	1.40
	后	2.06	1.92	− 1.40	− 0.91	2.27	1.92	4.40	0.20
tech	前	1.84	1.96	13.90	− 4.29 ***	1.44	1.96	− 37.80	− 15.94 ***
	后	1.89	1.74	6.50	3.14 ***	1.52	1.74	24.90	2 **
subsidy	前	1.96	1.68	24.60	10.72 ***	2.41	1.68	19.50	6.80 ***
	后	1.45	1.01	9.70	4.91	2.26	1.01	14.30	5.11 ***
price	前	1447.20	1366.30	5.60	0.58	1115.80	1366.30	− 17.10	− 2.06 **
	后	1536.60	1677.70	− 9.80	− 0.65	1204.80	1677.70	− 7.40	− 3.98 ***
cont	前	1.24	1.12	30.20	3.16 **	1.12	1.12	14.40	− 0.31
	后	1.16	1.12	10.90	0.91	1.09	1.12	− 2.50	2.01 **
organ	前	1.71	1.93	− 11.50	− 0.64	1.74	1.93	− 56	− 6.56 **
	后	1.76	1.98	− 10.40	− 0.26	1.88	1.98	− 9.10	− 1.13
distance	前	26.79	32.75	− 21.20	− 9.12 ***	27.93	32.75	− 70.60	− 8.64 ***
	后	27.38	32.11	− 12.40	− 5.54 ***	29.14	32.11	13.30	3.65 ***

注：*** 、** 、* 分别表示在1%，5%和10%的水平上显著。

为了提高匹配质量，剔除掉倾向得分的尾部，只有建立在样本户共同支撑域的匹配才有意义，因此还需分别对租出方程和租入方程的样本集进行共同支撑域的检验。由图 6 − 2 和图 6 − 3 可以看出，大多数观测值均在共同取值范围内，故在进行倾向得分匹配时样本损失较少。在租出方程样本集中，对照组损失 6 个样本，处理组损失 24 个样本，参与匹配的有 670 个。在租入方程样本集中，对照组损失 5 个样本，处理组损失 32 个样本，参与匹配的有 581 个。可见，对照组和处理组的共同支撑条件是令人满意的。

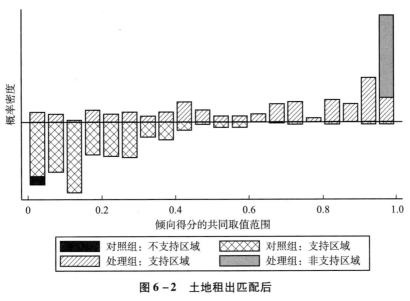

图 6-2 土地租出匹配后

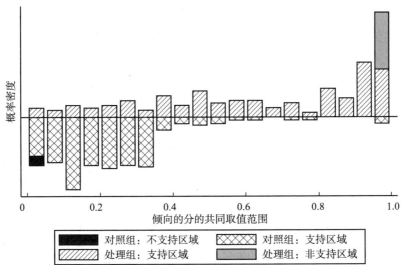

图 6-3 土地规模经营匹配后

2. 农户土地规模经营收入效应的测算

在获得有效的匹配样本后，本研究依据式（6-3）进行农户土地规模经
营收入效应（即 ATT）的测算。利用 Stata12.0 软件在实际进行匹配测算时，

由于本研究所选样本个体（对照组）有限，为了减少有效样本损失，所以进行有放回的匹配，并且采用不同的匹配方法进行测算。表 6 - 4 的结果显示，从定量的角度来看，尽管用四种方法进行匹配结果的数值不同，但是数值方向具有一致性，大部分也通过了显著性检验。从两种主体收入效应对比分析来看，租出土地的福利效应不仅显著地低于土地规模经营的福利效应。即租出户家庭人均纯收入平均会增加 555.74 元，而规模经营户家庭人均纯收入平均会增加 8862.5 元。另外，通过对比表 6 - 1 的描述性指标统计特征可以发现，基于倾向得分方法的测算结果要远低于统计汇总的结果[①]，可见倾向得分方法将土地资本化从其他影响农户福利效应的因素中独立出来，旨在考察土地规模经营这一解释变量对农户增收效应，计算结果相对来说更具说服力。更为重要的是，考虑到 PSM 的局限性，同时降低由不可测因素引起的隐性偏差，即判断由隐性偏差对匹配结果造成的影响是否严重。本书借用卢森堡姆（Rosenbaum）提出的"卢森堡姆边界"（Rosenbaum Bounds）法则，对匹配后结果进行敏感性检验。检验结果表明，当 $\Gamma = 1.5$ 时，对应的 p 值仍在 5% 和 10% 水平下显著，可见调研样本中不可观测因素对可控制变量估计所得 ATT 值影响相对较小，因而估计结果更为可信。

表 6 - 4   农户土地规模经营的净收入效应测算

福利指标	匹配方法	租出土地的净收入效应			土地规模经营的净收入效应		
		ATT	t 值	敏感性检验 ($\Gamma = 1.5$)：sig +	ATT	t 值	敏感性检验 ($\Gamma = 1.5$)：sig +
家庭人均纯收入（元）	近邻匹配（1 - 5）	459.47	- 1.98	0.0283 **	8994	4.04	0.0714 *
	近邻匹配（1 - 10）	344.13	- 2.53	0.0611 *	8768	3.7	0.0605 *
	核匹配	727	- 1.78	0.049 **	8538	2.77	0.0413 **
	半径匹配	700.39	- 2.27	0.0534 *	9150	3.43	0.0527 *
平均值		555.74			8862.5		

---

① 表 6 - 1 中，租出户与非参与户的收入差值为 991.94 元，而租入户与非参与户的收入差值为 14728.4 元。

综合以上回归结果和农户收入效应的测算结果，可以做如下分析：第一，农户土地规模经营可以明显增加租入户的收入水平，从净福利增加值来看，对于规模经营户的收入水平提升要显著高于租出户的福利水平。这可能与国家及当地政府对规模经营户扶持力度较大有关。第二，对于租出户来说，供给土地的关键要素与家庭承包土地面积、土地租金、非农就业机会等有关，只有土地租金加非农收入要远高于农业生产的净收益，农户自愿租出土地的意愿更强，这也更能凸显出土地作为资产的增值功能。但是租出户福利水平提升不明显，是因为土地制度改革的效果存在滞后效应，从 2014 年首次提出农村土地"三权分置"制度改革，到 2017 年党的十九大报告、2018 年"中央一号文件"进一步提出，要不断完善承包地"三权分置"制度，并科学诠释了其内涵，意味着我国农村土地改革进入新的发展阶段，农村土地制度改革在探索中进行。所以，从实地调研以及实证模型结果来看，租出户的福利水平增加不明显，一方面有可能是制度改革效果的滞后效应导致，另一方面原因可能也与土地撂荒等现象相符。第三，对于规模经营户来说，本研究对规模经营户的主体设计主要为家庭农场、专业大户、专业合作社和其他未登记注册的规模户。估计结果表明，降低生产成本和提高技术水平是当前土地规模经营户的关键影响要素。年龄和受教育程度变量表明了农户经营管理土地的能力，而农户的科学技术水平和农业补贴数量分别决定土地经营者的产出边界和规模经营的利润空间。

6.4 本 章 小 结

本章基于山东省平度市农户层面的调研数据，在稳步推进农村土地"三权分置"背景下，从理论和实证两方面对农户土地规模经营的收入效应进行理论阐释和实证检验。主要得出以下结论。

（1）从理论层面来说，"三权分置"制度的创新之处在于将土地经营权放活并推向市场，有利于进行农地的资本化运作，其核心在于实现土地的规模经营。产权细分促进了农村土地资本化运作，而农地资本化通过专业化、产业化、一体化的生产经营模式，对土地资源的重新配置，从而形成了新的农业聚合规模，释放规模经营效应，对增加农民收入有一定的助益。

（2）从实证检验来说，本章利用倾向得分匹配法（PSM）对理论效应进行验证，实证结果表明，农户土地规模经营对提升自身收入福利和经济水平比较显著，而土地规模经营户的年龄、受教育程度、租入土地的地理位置、农业科学技术以及农业补贴等要素都是影响土地规模经营户的关键变量。因此，从宏观角度来看，国家推行土地规模经营需要综合考量人和地的合理配置，选择合理的适度规模经营模式，才能充分发挥土地资产的增值效应。

第 7 章

产权细分、土地规模经营
与土地生产率分析

探讨经营规模与土地生产率之间的关系，旨在回答土地规模经营是否提高土地生产率一直是农业经济学界具有争议的问题。本章将利用中国土地经济调查数据，从多个维度来考察二者间的关系，尽量控制相关变量，试图最大程度上避免各种可能导致反向关系的因素。为了确保结论的可靠性，避免不同作物种类间加总以及地块属性可能带来的衡量偏差，本章将分类对异质性农户粮食作物的土地生产率与种植规模间的关系进行分类回归，对规模经营户自有承包地块和转入地块、小农户承包地块进行单独回归。以上是本章研究的重点内容。

7.1 产权细分、土地规模经营对土地生产率的影响机理

7.1.1 农户类型、要素匹配与土地生产率的理论分析

农户是我国农业生产的主体，农业生产活动由农户的生产活动构成，而农户并不是同质的，在家庭资源禀赋、个人能力、生产经验等方面都存在着异质性。我国当前的农业经营主体主要有小农户、专业大户或专业合作社、家庭农场和集体农场，体现在农地经营方式上，可以分为两类：精耕细作和规模化经营。其中，精耕细作的经营方式是农户在小规模种植面积上尽可能多地提高产出的耕作方式，规模化经营是大范围的农业经营。而这两种经营方式能很好地体现小农户和新型规模经营主体的生产特点，且规模大小的界定与农户耕地面积有关，因而本书在探讨农户农地经营规模与土地生产率间的关系时，选择从异质性农户视角出发，从普通小农户和规模经营户，即以新型农业经营主体（家庭农场、专业大户或专业合作社）的角度切入。

小农户和规模经营户往往有着不同的生产资源投入，这种差异往往更能体现在不可分资源，如农业机械等固定资产投入上。资源不可分割性和农场规模既有区别，又互相关联。成本节约与资源的不可分割性有关，直接影响产出水平，而最优生产规模是短期和长期内单位成本的最小化。① 从经济角度看，由于农村地区的要素市场（劳动力、土地、资本、农业保险等）不发

---

① ［英］弗兰克·艾利思：《农民经济学——农民家庭农业和农业发展》，上海人民出版社 2000 年版，第 226 页。

达，小农户和规模经营户面对的要素价格并不相同；相比之下，小农户的劳动力机会成本一般较低，土地和资本价格较高；规模经营户的劳动力价格较高，土地和资本价格较低。而这种相对要素价格的差异导致：第一，小农户比规模户投入更多的生产性劳动力；第二，即使在土地资源稀缺的经济体系中，规模户也倾向于将土地视为比较充裕的资源；第三，即使在资本稀缺而劳动力丰富的经济体中，规模户也倾向于用机械替代劳动力；第四，就社会效率而言，规模户的农业生产效率一般低于小农。

以一条无差异曲线来说明上述观点。无差异曲线 Q 表示劳动投入 L 和资本投入（包括流动与固定资本）K 之间的技术替代关系。假设所有农户均受到这种关系约束。大农户面对的要素相对价格是等成本线 bb'，小农户面对的要素相对价格是等成本线 ss'。由图 7 - 1 可以看出，大农户面对的劳动投入昂贵，资本投入比较便宜，最优资源配置为点 B；而小农户面对的资本投入相对比较昂贵，劳动投入比较便宜，配置资源的最优点是 S。从点 B 和点 S 可以看出，同样产量下小农户比大农户投入更多的劳动与更少的资本进行生产。

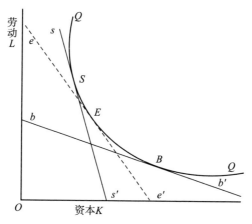

图 7 - 1　不同农户类型的要素配置

社会效率的价格介于小农和大农所面临的价格比率之间。在大多数发展中国家，劳动力和资本资源相对有限，所以社会效率价格会更接近小农户面临的价格。虚线 ee' 表示社会效率价格，平衡点 E 是社会最优要素分配点，这表明大农户比小农户离社会最优分配点更远。

7.1.2 农户经营规模选择与土地生产率的理论关系

在我国经济步入新常态的背景下，我国农业正面临农产品竞争力不足的问题、农户节本增收难等困难，而导致这一实际问题的现实原因之一是农地经营规模小、细碎化程度较高，因此如何促进农地规模经营、提高农业生产效率成为迫切需要解决的课题。本书在分析影响土地经营规模因素的基础上，对农户最优经营规模进行研究。在确定农户最优经营规模问题上，伊斯特伍德等（Eastwood et al.，2010）给出了确定农户在理想状态下最优经营规模的理论方法，把农户经营规模同经济社会发展挂钩。假定国家经济发展有增加农户机会成本的可能，随着农业技术不断发展，资本变得相对廉价，而劳动力资源逐步匮乏，价格比较昂贵。在此条件下做出如下假设：第一，假定每一个农户都没有雇用劳动力，每个农户都有同样多的农业劳动力，交易成本等于零；第二，基于单要素收益递减规律，总产出只依赖于土地与劳动力的投入，规模报酬没有变化；第三，耕地无差别，也就是耕地质量无差别，耕地数量一定；第四，农户家庭将依据产出具有完全的机会成本弹性；第五，土地市场是完全竞争市场。

在此假设的基础上，能够画出不同机会成本下农户最优经营规模的变化曲线（见图 7-2）。Y 表示农户经营规模总产出与机会成本的差值，S 表示农户的经营规模，S_0 和 S_1 分别代表不同机会成本下的农户最优经营规模。由于小农生产的经营规模仅仅能维持一个家庭的基本生存，因而农户们往往会寻找非农就业机会，而随着非农收入的增加，农户对土地的需求会下降，导致曲线下行，推动农户最优经营规模由 S_0 变动为 S_1，即农户只有扩大经营规模才能增加农业收入、提高生活水平。

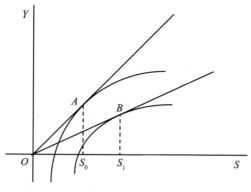

图 7-2　农户最优经营规模的选择配置

图 7-2 中显示，农户经营规模往往随着经济的发展而增加（机会成本增加），尽管这个框架的解释能力客观上受到各种假设的限制。但是，对于农业技术、耕地制度、农业政策等因素的变化对农场最优经营规模变化的影响在理论层面仍有一定的解释力。同时，许多学者就微观农户对农场规模的影响进行了广泛研究，认为农户经营规模受户主情况、家庭特征、土地流转条件和社会资本等因素的影响。

由于可耕土地面积是既定的，规模经营户的增加或经营规模的扩大意味着小农户的减少和经营农地的减少。规模经营能够从技术采纳（包括大型机械的采用和新品种、新生物技术）的外部性以及要素市场的发展完善等方面对小农户产生影响。一方面规模经营能通过新生产方式的示范作用与病虫害防治等外部性引领小农户提高单产，具有积极作用；但也有降低小农户单产的可能，呈现挤出作用的一面。与小农户相比，大规模经营的新型农业经营主体能够在大规模生产中应用新技术，从而实现成本节约和效率提高。从获取农业生产要素成本的方面来看，规模经营户农地经营规模偏大，考虑到长期成本，更可能使用自购机械，这很容易导致农机服务提供者不再向地理上分散的少数小农提供服务，或者由于地块之间的距离而收取更高的服务费，从而有可能降低小农的要素投入和产量水平。

森（Sen，1962）发现，在印度，由于缺少就业机会农户家庭往往会在土地上投入过多的劳动，因而小型农场的单位面积产量往往最高。学者们对这种负相关关系提出了几种主要解释：第一，发展中国家由于人口众多，土地面积小，加之普遍缺乏非农业就业机会，以及要素市场不够完善，意味着小农户在家庭农场投入过多的劳动。总的来说，小农户更密集地使用土地。著名学者黄宗智将此描述为中国传统农村农业生产的"内卷化"（后译为"过密化"）现象。第二，大规模生产需要雇佣工人，因此面临着与监管和激励不足有关的交易成本问题。第三，小农户面临不完善的信贷市场，因此需要在承包土地上投入过多的劳动力，以保证他们在面对价格波动时的粮食供应。第四，规模经营户和小农户之间存在着土地质量的异质性，因为人口稠密的地区往往有相对较好的土地质量，因此小农户会表现出较高的土地生产率。

一般认为，规模和生产力之间的负向关系是由于劳动力、土地和信贷方面的市场发展不完善，以及缺乏非农就业机会造成的。这种负向关系不是永久性的，因为这些问题会随着一个国家经济和社会的发展而消失。一个最新的观点是，农地经营面积和生产率之间存在着非线性的"U"型关系。这意味着，当一个国家或地区的市场不完善并且拥有人多地少的禀赋时，农场规模和农业生产率呈负向关系，即"U"型曲线的左半部分；当市场变得更加发达，剩余劳动力转移到城镇，机械被用来进行规模化生产时，二者呈现"U"型曲线右半边的正向关系；当农场面积处于中间水平时，由于分散和其他原因，以及由于大型机械的不适用性，农业生产率最低。

7.2 分析框架与模型设定

7.2.1 分析框架

自森（Sen，1962）提出经营规模与生产率间存在反向关系以来，学者们进行了大量的研究并试图找出反向关系存在的原因和作用机理。但也有不少学者质疑这一规律，认为反向关系的存在是由于发展中国家要素市场（如劳动力、土地、信贷、农业保险等）不够完善，特别是劳动力市场，或是由于技术层面存在的误差（如遗漏地块土壤质量变量、地块面积及土地产出的测量误差）而人为导致的一种"假象"（Benjamin，1995；Bhalla and Roy，1988）。就我国的实际情况来看，农户经营规模的异质性主要来自省际农户经营规模、区域内村落间农户经营规模以及村庄内部农户之间的经营规模三个方面。

由于参数估计法是事先假定总体服从某种具体分布，假定性很强，可能会导致设定误差，因而本书先采用更为稳健的非参数估计法对农户亩均产量与经营面积间的关系进行核密度加权局部平滑，观察二者间的关系。核密度加权局部平滑是查看二维变量之间关系的一种有力工具，其主要思想是取一定比例的局部数据，在这部分子集中拟合多项式回归曲线，这样我们便可以观察到数据在局部展现出来的规律和趋势；而通常的回归分析往往是根据全体数据建模，这样可以描述整体趋势，但现实生活中规律不总是（或者很少是）一条直线，我们将局部范围从左往右依次推进，最终一条连续的曲线就被拟合出来，从而能充分反映出二维变量间的关系，观察到数据在局部范围展现出来的规律和趋势。

本书采用核函数加权局部平滑的非参数估计方法，对所有农户总经营规模下所有作物单位面积产量与播种面积的关系进行了非参数回归，同时使用了核密度回归与局部多项式回归方法得到所有农户对数形式下的总经营规模与土地生产率、最大承包地块经营规模与生产率、最大转入地块与土地生产率的回归线。从图7-3中的亩均产量走势（实线）可以看出，在不同的规模分组下粮食产量与种植面积间并不是一直保持着正相关关系，也存在着粮食亩均产量随着经营面积的增加而下降的反向关系，有些还表现出了非线性关系。

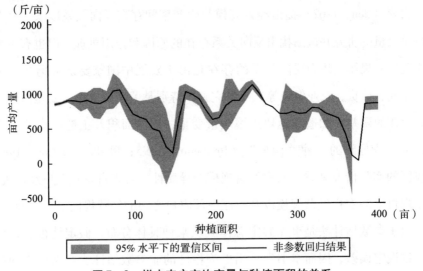

图7-3　样本农户亩均产量与种植面积的关系

从图7-4中土地生产率的核密度回归线（实线）与局部多项式回归线（虚线）以及图7-5中承包地块土地生产率的局部多项式回归线和转入地块土地生产率的局部多项式回归线可以看出，在不同的规模分组下，农户土地生产率与经营规模之间并未呈现出已有研究中正向关系或反向关系的趋势，而是表现出了明显的非线性关系。

为了严谨地论证二者间的关系，需要采用参数估计方法，控制除农地经营规模外的相关变量对作物产量的影响。经过不同函数形式尝试，包括左对数型、右对数型、倒数型以及双对数型函数等，其中双对数型函数拟合程度最好，并且为了能更加方便地解释不同系数的含义，本书采用双对数模式来验证样本农户的土地生产率和经营规模间的关系。

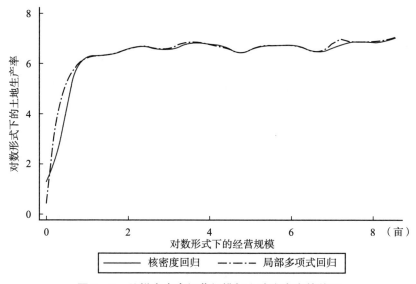

图 7 - 4　总样本农户经营规模与土地生产率的关系

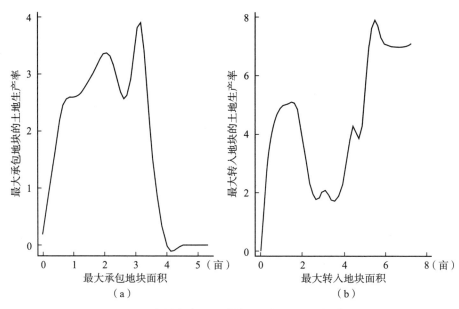

图 7 - 5　总本样农户不同地块规模与土地生产率的关系

7.2.2 模型设定

1. 已有经验模型

基于上述分析，本书将构建计量经济学模型来验证哪种农户更具有土地产出的优势。土地单位面积产出与土地经营规模的关系反映的是当农户经营规模发生改变，带来的农户对生产要素集合的调整，从而最终影响到作物的产量。传统的单产模型都是基于利润最大化的生产函数推导而来，具体可以表示为

$$Y_i = f(S_i, \ X_i, \ Z_i, \ L_i, \ R_j) \tag{7-1}$$

其中，Y_i 表示农户 i 的作物产量；S_i 表示农户 i 种植规模（即播种面积）；X_i 表示农户 i 的生产要素投入向量，包括土地租金、劳动力以及农药、种子、化肥、灌溉水电、机械等其他物质要素投入；Z_i 是一组表示农户家庭特征的向量，包括户主个人特征、家庭非农就业比例及家庭农业生产和技能等；L_i 是表示异质性农户的虚拟变量；R_j 表示地区 j 的特征变量向量。假设农户处于完全竞争的外部市场且农户家庭内部成员都是同质的、追求经济效益最大化的"理性经济人"，由于农产品销售价格是被动接受的，因而农产品价格是外生的，假定农户 i 的农作物价格为 P_i，要素投入价格为 W_i，且当年内价格均不随时间发生变动，基于利润最大化条件可得

$$\max P_i Y_i - W_i X_i \tag{7-2}$$

将式（7-1）与式（7-2）联立，可得亩均作物产出函数：

$$(Y/S)_i = D(S_i, \ P_i, \ W_i, \ Z_i, \ L_i, \ R_i) \tag{7-3}$$

本书将采用双对数型函数，已有研究表明资本投入和劳动投入很有可能内生于土地生产率，因而本书不将其纳入基准回归模型中。故式（7-3）具体的函数形式可以设定为

$$\ln Y_i = \alpha_0 + \beta \ln S_i + \gamma Z_i + \mu L_i + \phi R_i + \varepsilon_i \tag{7-4}$$

其中，$\ln Y_i$ 为农户 i 单位面积的作物产出，以对数形式表示；$\ln S_i$ 为对数形式的农户作物种植面积；β 为种植面积的系数；Z_i 表示农户家庭禀赋变量的向量；L_i 表示异质性农户的虚拟变量，β、γ、μ、ϕ 分别表示对应变量的待估系数，α_0 为常数项，ε_i 表示随机误差项。如果 $\beta < 0$ 且显著说明农户粮食土地生产率与其农地经营规模间存在显著的负向关系，若 $\beta > 0$ 且显著，则说明农户的粮食单位面积产出与其农地经营规模间存在着显著的正向关系。

2. 异质性视角下农户决策模型

由非参数估计可以看出，样本区域经营规模与土地生产率间可能会存在着非线性关系，因此在经验模型式（7-4）的基础上，本书设置了经营面积的二次项，用以讨论可能会存在的"U"型或倒"U"型关系，模型设定如下：

$$\ln Y_i = \alpha_0 + \beta \ln S_i + \lambda \ln S_i^2 + \gamma_1 Z_i + \gamma_2 F_i + \gamma_3 Q_i + \mu L_i + \phi R_i + \varepsilon_i \qquad (7-5)$$

其中，$\ln Y_i$ 表示农户 i 的单位面积产量，$\ln S_i$ 与 $\ln S_i^2$ 分别为农户经营规模的一次项和二次项，Z_i、F_i、Q_i 分别表示农户家庭特征、土地细碎化特征和土地质量特征，L_i、R_i 分别表示异质性农户与地区特征，β、λ、γ_1、γ_2、γ_3、μ、ϕ 分别是各变量的估计参数，ε_i 表示随机误差。

本书引入了地块属性变量，用以区别农户自有承包地块与转入地块，分析地块产权属性差异下地块大小与土地生产率之间的关系。本书设定如下模型：

$$\begin{aligned}
\ln Y_i = &\alpha_0 + \beta \ln S_i + \lambda \ln S_i^2 + \gamma_1 Z_i + \gamma_2 F_i + \gamma_3 Q_i + \gamma Z_i + \mu L_i + \phi R_i \\
&+ \alpha_1 \ln CL + \alpha_2 \ln CT + \alpha_3 \ln RE + \varepsilon_i \qquad (7-6)
\end{aligned}$$

在新加入的 3 个变量中，CL 是表示是否讲明转入期限的虚拟变量，CT 是表示土地流转交易约定的流转期限，RE 是土地交易约定的流转期限剩余的年数。

7.3　调研数据的描述性分析

7.3.1　农户的基本特征

表7-1分组报告了调研地区小农户与规模经营户的户主特征，包括性别、年龄、文化教育程度、健康状况、非农职业教育、农业技术教育、农业活动天数、非农活动天数，并对相关变量进行了均值差异t检验。结果显示，所有变量在统计上存在显著差异，并且均通过显著性检验。从年龄来看，小农户的户主年龄最小值为18岁，最大值到了89岁，年龄平均在63岁，老龄化程度比较高；而规模经营户的户主年龄最小值为30岁，最大值为78岁，群体年龄差异较小，且均值为55岁，这表明规模经营户的户主大多都为青壮年劳动力，老龄化情况并不严重。从受到的文化教育程度来看，小农户和规模经营户虽然都有部分从未受到过教育的样本，但从均值情况可以看出，小农户受教育时间为6.79年，与规模经营户8.29年存在一定差距，说明规模经营户的文化素质高于小农户。从健康状况可以看出，小农户健康情况均值为3.98，属于中等接近良好的水平，而规模经营户健康情况均值为4.45，属于良好更接近优秀的程度，因而可以看出规模经营户的身体素质高于小农户。从受非农职业教育及农业技术教育来看，规模经营户受培训程度比小农户高，说明规模经营户更加重视培训的积极作用，不仅只是单纯地依赖种植经验追求大规模经营，而是依靠先进的生产技术寻求更低的投入获得更高的产出，从而提高农户种植效率，减少农户种植损失，实现规模经济效益。从农业活动天数与非农活动天数来看，小农户农业活动天数和非农活动天数差异极小，这可能与小农户综合素质不高从而非农就业机会较少有关，规模经营户的农

业时间投入远大于非农时间投入，这在一定程度上表明规模经营户属于职业化的农业经营者，兼业化程度不高，能够进行稳定的农业生产。

表 7 - 1 样本地区农业经营主体的户主特征

农户分类	项目	性别	年龄	文化教育程度	健康状况	非农职业教育	农业技术培训	农业活动天数	非农活动天数
小农户	均值	0.72	63.00	6.79	3.98	0.12	0.29	67.37	67.87
	标准差	0.45	10.33	3.94	1.05	0.32	0.45	82.91	112.72
	最小值	0.00	18.00	0.00	1.00	0.00	0.00	0.00	0.00
	最大值	1.00	89.00	16.00	5.00	1.00	1.00	365.00	365.00
规模经营户	均值	0.92	55.55	8.29	4.45	0.26	0.65	159.36	48.67
	标准差	0.27	9.47	3.15	0.94	0.44	0.48	105.64	95.47
	最小值	0.00	30.00	0.00	1.00	0.00	0.00	0.00	0.00
	最大值	1.00	78.00	16.00	5.00	1.00	1.00	365.00	365.00
均值差异		-0.20***	7.45***	-1.50***	-0.47***	-0.14***	-0.36***	-91.99***	19.20*

注：***、**、*分别表示在1%，5%和10%的水平上显著。

7.3.2 农地经营与流转情况

表 7 - 2 分组汇报了样本地区小农户与规模经营户主要粮食作物的经营面积，由此可以看出，在调研区域，所有样本农户的粮食作物平均经营面积为小麦 12.27 亩、玉米 4.02 亩、水稻 12.63 亩，标准差分别为 41.51 亩、15.74 亩、52.28 亩，面积差距十分明显；分组来看，小农户粮食作物平均经营面积为小麦 4.50 亩、玉米 1.84 亩、水稻 3.96 亩，而规模经营户粮食作物平均经营面积依次分别为 91.05 亩、21.92 亩、94.58 亩，小麦、玉米和水稻两类农户的经营规模相差约 20 倍，可以看出样本区域小农户经营规模普遍偏小，并且与规模经营户存在明显的经营差距。此外，小农户最大经营面积为小麦 40

亩、玉米 28 亩、水稻 38 亩，符合本书设定的 50 亩的小农户分类标准。

表 7-2   主要粮食作物经营面积

农户分类	项目	小麦	玉米	水稻
小农户	均值	4.50	1.84	3.96
	标准差	6.22	3.17	4.84
	最小值	0.02	0.01	0.01
	最大值	40.00	28.00	38.00
规模经营户	均值	91.05	21.92	94.58
	标准差	106.69	43.55	149.48
	最小值	0.03	0.03	0.03
	最大值	360.00	187.00	1100.00
总样本户	均值	12.27	4.02	12.63
	标准差	41.51	15.74	52.28
	最小值	0.02	0.01	0.01
	最大值	360.00	187.00	1100.00

本书第 4 章表 4-24 汇报了调研区域农地流转的基本情况，由此可以看出，样本区域农户基本上都已经完成确权颁证工作。

7.3.3   不同农作物的土地生产率情况

1. 不同经营规模的粮食作物生产率分析

表 7-3 汇报了异质性农户不同粮食作物品种的单位面积产量。由表可以看出，调研区域农户粮食作物的产出存在着显著的差异。总的来说，从均值可以看出，不管是哪种作物品种规模户比小农户都有着更高的单位面积产出；具体来看，规模户与小农户内部的差异也十分明显，土地生产率的最小值与最大值间差距十分明显。具体到作物品种上来看，规模户的小麦、玉米和水

稲的最小土地生产率仅分别为2.22斤/亩、0.23斤/亩和20.0斤/亩，这在一定程度上也说明了规模户可能会更加重视高效益的经济作物产出，从而忽视了对粮食作物的经营与管理。

表7-3 不同经营规模下农户粮食作物土地生产率 单位：斤/亩

农户分类	项目	小麦	玉米	水稻
小农户	均值	862.87	957.27	1229.27
	标准差	391.27	1191.29	2003.55
	最小值	3.59	4.00	10.71
	最大值	2000.00	20000.00	15000.00
规模经营户	均值	921.67	1135.45	1561.74
	标准差	360.67	1819.34	2288.16
	最小值	2.22	0.23	20.00
	最大值	2000.00	17666.67	10000.00
总样本农户	均值	867.82	973.54	1264.73
	标准差	389.01	1261.43	2034.21
	最小值	2.22	0.23	10.71
	最大值	2000.00	20000.00	15000.00

2. 不同经营规模的经济作物生产率分析

表7-4汇报了异质性农户总经营规模下经济作物的生产率情况。由表7-4可以看出，相比于粮食作物，小农户与规模户经济作物土地生产率差距会更加明显。其中，蔬果类作物小农户与规模户的土地生产率差距最大，相差约3倍。由此可以看出，规模户往往会更加倾向于对高效益的经济作物投入更多的精力。而小农户受限于自身技术的不足，其经济作物的土地生产率偏低，需要对其提供有针对性的培训。

表 7 - 4　　　　　　　　　　异质性农户经济作物土地生产率　　　　　　　单位：斤/亩

农户分类	项目	豆类作物	蔬菜水果	棉花
小农户	均值	1086.38	1038.43	1350.00
	标准差	1587.59	1103.60	1181.81
	最小值	10.00	20.00	200.00
	最大值	10000.00	4000.00	3000.00
规模经营户	均值	1351.55	4600.00	
	标准差	2237.09	4132.80	
	最小值	10.00	800.00	
总样本农户	最大值	6666.67	9000.00	
	均值	1111.05	1572.66	1350.00
	标准差	1643.58	2127.43	1181.81
	最小值	10.00	20.00	200.00
	最大值	10000.00	9000.00	3000.00

3. 异质性农户地块规模的生产率分析

表 7 - 5 汇报了异质性农户不同地块规模的生产率分析结果。由表可以看出，规模户的土地生产率高于小农户。并且不管是哪类农户，其转入地块的土地生产率均高于承包地块。这表明，考虑到农地流转的成本，农户们往往会在转入地块上投入更多的精力，从而提高转入地块单产以弥补农地转入带来的成本损失。

表 7 - 5　　　　　　　　　　异质性农户地块规模的生产率分析

农户分类	项目	承包地块	转入地块
小农户	均值	1022.28	1088.42
	标准差	260.81	305.48
	最小值	50.00	180.00
	最大值	2000.00	3000.00

续表

农户分类	项目	承包地块	转入地块
	均值	1092.71	1143.25
规模经营户	标准差	266.11	183.07
	最小值	100.00	500.00
	最大值	1600.00	1500.00
	均值	1028.54	1106.91
总样本农户	标准差	261.87	271.12
	最小值	50.00	180.00
	最大值	2000.00	3000.00

7.4 农地经营规模对土地生产率影响的实证研究

7.4.1 模型检验

在进行回归估计之前，本研究需要先进行相关性分析，分析纳入模型的解释变量和各控制变量可能存在的多重共线性问题，研究其是否存在相关性问题。本书采用方差膨胀因子（VIF）和容忍度（TOL）进行相关性检验，验证结果可以看出（见表 7-6），VIF 值最大为 3.67，平均 VIF 值均未超过 2，远小于 10，因此，变量间不存在严重的多重共线性问题和相关性问题，模型处于可接受的范围之内。

表 7-6　　　　　　　各变量方差膨胀因子和容忍度测算结果

变量名称	总经营规模		承包地块		转入地块		小麦		稻谷		玉米	
	VIF	TOL	VIF	TOL	VIF	TOL	VIF	TOL	VIF	TOL	VIF	TOL
经营面积	1.14	0.88	1.01	0.99	1.03	0.97	2.28	0.27	1.78	0.56	1.06	0.95

续表

变量名称	总经营规模		承包地块		转入地块		小麦		稻谷		玉米	
	VIF	TOL	VIF	TOL	VIF	TOL	VIF	TOL	VIF	TOL	VIF	TOL
经营总地块数	2.00	0.50	1.82	0.55	1.73	0.58	3.67	0.27	2.90	0.35	1.89	0.53
不足1亩地块	1.83	0.55	1.82	0.55	1.75	0.57	2.07	0.48	1.93	0.52	1.81	0.55
年龄	1.20	0.83	1.20	0.84	1.24	0.80	1.20	0.83	1.20	0.83	1.20	0.83
文化程度	1.20	0.83	1.20	0.84	1.21	0.82	1.20	0.83	1.20	0.83	1.20	0.84
农业技术培训	1.05	0.95	1.04	0.96	1.13	0.89	1.05	0.95	1.06	0.95	1.04	0.96
坡度	1.01	0.99	1.01	0.99	1.13	0.89	1.01	0.99	1.01	0.99	1.01	0.99
灌溉	1.02	0.98	1.02	0.98	1.08	0.93	1.02	0.98	1.02	0.98	1.02	0.98
肥力	1.03	0.98	1.03	0.98	1.08	0.93	1.03	0.98	1.03	0.97	1.03	0.97
是否讲明期限	—	—	—	2.57	0.39	—	—	—	—	—	—	—
剩余期限	—	—	—	2.62	0.38	—	—	—	—	—	—	—
VIF均值	1.27		1.24		1.50		1.61		1.46		1.25	

7.4.2　模型结果分析

基于前文的分析以及调研数据，运用 Stata16 软件，对农地规模经营对土地生产率的影响进行分析。由于本书使用的是截面数据，在正式回归之前对纳入模型变量进行怀特检验与 BP 检验。无论哪种形式检验的 p 值都等于0.00，故强烈拒绝同方差的原假设，认为存在着异方差现象，为避免其测度结果产生误差，本书采用 OLS 回归并使用稳健标准误。本研究的基准回归分为两部分，第一部分在不考虑地权属性的前提下，探究异质性农户作物单位面积产出与经营面积间的关系。由于异质性农户存在着不同的经营结构，为避免不同品种间加总可能带来的问题，并进一步夯实研究结果，因而在此部分，本书还对不同品种的作物进行分类回归，考虑到蔬果等经济作物品类繁多且难以有明确的标准衡量样本数据产量的合理性，本书仅对三大主粮（小麦、稻谷、玉米）进行回归。由于我国特殊的土地产权制度造成土地细碎化问题比较严重，农户经营总面积往往分散在多个地块中，加之地权属性及地块经营权的稳定性也会影响到农户的要素投入安排进而影响到作物单产，因而在本文基准回归的第二部分，将单独考察农户现经营地块中不同地块属性及不同契约安排下经营面积大小与土地生产率之间的关系。

1. 异质性农户总经营规模的模型回归结果分析

本书使用逐步回归的方法，模型（1）仅考察土地生产率与经营面积间的关系，考虑到可能存在的非线性关系，本研究设置了经营面积的平方项。模型（2）又控制了农户家庭特征。模型（3）再控制了土地质量特征。模型（4）在以上模型的基础上又将土地细碎化特征纳入模型。总样本农户、规模经营户与小农户的估计结果见表7-7、表7-8和表7-9。所有模型的 R^2 均在0.5以上，说明模型的可解释（方差的）比率较高，模型拟合效果较好。

表7-7　　　　　　　　　　所有农户总经营规模回归结果

变量名称	（1）	（2）	（3）	（4）
经营面积（取对数）	3.27 *** (37.07)	2.91 *** (27.82)	2.90 *** (28.43)	2.90 *** (28.49)
经营面积的平方（取对数）	-0.42 *** (-21.26)	-0.39 *** (-19.43)	-0.39 *** (-19.26)	-0.39 *** (-19.26)
经营的地块总数（取对数）		0.34 ** (2.55)	0.35 *** (2.76)	0.35 *** (2.79)
不足1亩的地块数（取对数）		0.68 *** (6.32)	0.65 *** (6.28)	0.64 *** (6.27)
年龄			0.02 *** (3.83)	0.02 *** (3.87)
文化程度			0.02 (1.52)	0.02 (1.46)

续表

变量名称	(1)	(2)	(3)	(4)
农业技术培训			0.08 (0.81)	0.09 (0.86)
坡度				0.12 (0.88)
灌溉				−0.04 (−0.31)
肥力				0.02 (0.29)
常数	1.84*** (21.26)	1.55*** (19.05)	0.25 (0.71)	−0.01 (−0.02)
样本量	2037	2037	2037	2037
R^2	0.539	0.574	0.577	0.577

注：括号内数值为稳健标准误；* $p < 0.1$、** $p < 0.05$、*** $p < 0.01$，分别表示在 10%、5% 和 1% 的水平上显著。

表 7 −8 规模户总经营规模回归结果

变量名称	(1)	(2)	(3)	(4)
经营面积（取对数）	2.15*** (15.38)	2.15*** (15.13)	2.12*** (13.68)	2.08*** (13.66)
经营面积的平方（取对数）	−0.18*** (−10.21)	−0.18*** (−10.07)	−0.18*** (−9.23)	−0.17*** (−8.87)
经营的地块总数（取对数）		−0.05 (−0.92)	−0.05 (−0.98)	−0.07 (−1.24)
不足 1 亩的地块数（取对数）		0.02 (0.43)	0.03 (0.46)	0.01 (0.13)
年龄			0.01 (1.56)	0.01 (1.61)
文化程度			0.03 (1.23)	0.03 (1.17)

续表

变量名称	(1)	(2)	(3)	(4)
农业技术培训			−0.11 (−0.61)	−0.03 (−0.17)
坡度				−0.01 (−0.21)
灌溉				0.20 (0.95)
肥力				−0.33 ** (−2.27)
常数	0.61 (1.65)	0.69 * (1.70)	−0.00 (−0.00)	0.65 (1.11)
样本量	95	95	95	95
R²	0.791	0.793	0.799	0.813

注：括号内数值为稳健标准误；* p < 0.1、** p < 0.05、*** p < 0.01，分别表示在 10%、5% 和 1% 的水平上显著。

表 7 - 9 小农户总经营规模回归结果

变量名称	(1)	(2)	(3)	(4)
经营面积（取对数）	4.57 *** (21.74)	3.99 *** (18.63)	3.98 *** (18.51)	3.99 *** (18.49)
经营面积的平方（取对数）	−0.91 *** (−12.30)	−0.83 *** (−11.26)	−0.83 *** (−11.11)	−0.83 *** (−11.09)
经营的地块总数（取对数）		0.54 *** (3.24)	0.55 *** (3.31)	0.55 *** (3.31)
不足 1 亩的地块数（取对数）		0.59 *** (4.72)	0.57 *** (4.58)	0.57 *** (4.57)
年龄			0.01 *** (3.04)	0.01 *** (3.02)
文化程度			0.01 (0.88)	0.011 (0.81)

变量名称	(1)	(2)	(3)	(4)
农业技术培训			0.16 (1.60)	0.16 (1.63)
坡度				0.07 (0.44)
灌溉				0.07 (0.64)
肥力				0.042 (0.60)
常数	1.66*** (16.66)	1.33*** (14.05)	0.31 (0.92)	0.01 (0.03)
样本量	1854	1854	1854	1854
R^2	0.572	0.605	0.607	0.607

注：括号内数值为稳健标准误；$*p<0.1$、$**p<0.05$、$***p<0.01$，分别表示在10%、5%和1%的水平上显著。

由结果可以看出，不论是总农户还是异质性农户，其总经营规模的一次项系数均显著为正，二次项系数均显著为负，总经营规模与土地生产率间存在着倒"U"型关系，这表明在一定区间内经营总规模的适度扩大将有利于提高土地生产率，但规模不能无限制扩张，当超过某个阈值后，超出了农户最优经营规模反而会带来土地生产率的损失。

此外，对比模型（4）规模户与小农户的回归结果可以看出，小农户经营的总地块数、不足1亩地块数以及户主年龄系数都为正且在1%显著性水平上显著，这说明小农户更加依赖经营者的生产经验，其土地生产率高是精耕细作的结果。

2. 基于不同作物品种的估计结果

由于农户种植结构存在着明显的异质性，为避免不同作物间数据加总带来的测量误差影响到结果的稳健性，本书对总农户、规模户与小农户经营的三大主粮进行了分类回归，结果如表 7 - 10 和表 7 - 11 所示。总农户、规模户以及小农户三大主粮回归结果中经营面积一次项的系数符号均为正，二次项系数符号均为负，并且都通过 1% 显著性水平检验，这表明粮食作物经营规模与土地生产率间表现出稳健的倒 "U" 型关系，即经营规模的适度扩大将有利于粮食作物增产。

表 7 - 10　　　　　　　　　　　总农户三大主粮回归结果

变量名称	小麦	稻谷	玉米
经营面积（取对数）	3.13 *** (22.70)	4.58 *** (42.75)	6.48 *** (12.41)
经营面积的平方（取对数）	− 0.48 *** (− 17.95)	− 0.64 *** (− 22.18)	− 1.09 *** (− 4.36)
经营的地块总数（取对数）	0.54 *** (3.76)	0.015 (0.17)	− 0.056 (− 1.36)
不足 1 亩的地块数（取对数）	0.63 *** (5.35)	0.42 *** (4.45)	0.36 *** (5.18)
年龄	0.017 *** (3.31)	0.01 *** (2.95)	0.01 *** (3.03)
文化程度	0.02 * (1.69)	0.01 (1.39)	0.02 *** (2.81)
农业技术培训	0.068 (0.66)	0.03 (0.35)	− 0.05 (− 0.75)
坡度	0.128 (0.93)	− 0.04 (− 0.67)	0.01 (0.11)
灌溉	− 0.085 (− 0.61)	− 0.08 (− 0.59)	0.06 (0.69)
肥力	0.015 (0.20)	0.005 (0.09)	0.01 (0.15)
常数	0.248 (0.49)	− 0.005 (− 0.01)	− 0.74 ** (− 2.46)
样本量	2037	2037	2037

续表

变量名称	小麦	稻谷	玉米
R^2	0.52	0.70	0.63

注：括号内数值为稳健标准误；＊$p < 0.1$、＊＊$p < 0.05$、＊＊＊$p < 0.01$，分别表示在10%、5%和1%的水平上显著。

表 7-11　　　　　　　　两类农户三大主粮的回归结果

变量名称	小麦		稻谷		玉米	
	规模户	小农户	规模户	小农户	规模户	小农户
经营面积（取对数）	1.95 ***	4.11 ***	2.54 ***	7.09 ***	3.22 ***	9.09 ***
	(5.81)	(9.05)	(15.37)	(45.95)	(4.51)	(21.73)
经营面积的平方（取对数）	-0.18 ***	-0.98 ***	-0.24 ***	-1.83 ***	-0.33 ***	-2.51 ***
	(-4.70)	(-5.08)	(-8.78)	(-25.67)	(-2.69)	(-10.32)
经营的地块总数（取对数）	-0.13	0.73 ***	-0.03	0.15	0.01	-0.09
	(-1.57)	(4.35)	(-0.64)	(1.33)	(0.21)	(-1.61)
不足1亩的地块数（取对数）	0.01	0.61 ***	-0.10	0.39 ***	-0.02	0.40 ***
	(0.05)	(4.63)	(-1.17)	(3.86)	(-0.19)	(5.09)
年龄	0.01	0.01 ***	0.02 *	0.01 **	0.01	0.01 ***
	(0.88)	(2.82)	(1.82)	(2.15)	(1.02)	(2.61)
文化程度	0.05 *	0.02	0.06 **	0.01	-0.01	0.02 ***
	(1.71)	(1.20)	(2.16)	(0.89)	(-0.76)	(2.87)
农业技术培训	0.15	0.14	0.29	0.14 *	-0.12	0.07
	(0.70)	(1.29)	(1.02)	(1.70)	(-0.42)	(0.94)
坡度	-0.03	0.06	-0.03	-0.06	-0.02	-0.02
	(-0.47)	(0.43)	(-0.57)	(-1.02)	(-0.39)	(-0.41)
灌溉	0.32	0.01	0.53 *	0.04	0.16	0.08
	(1.23)	(0.05)	(1.80)	(0.36)	(0.99)	(1.00)
肥力	-0.70 ***	0.02	-0.69 **	0.02	-0.14	0.01
	(-2.67)	(0.25)	(-2.18)	(0.55)	(-0.78)	(0.25)
常数	2.42 *	0.30	0.33	-0.22	-0.39	-0.73 **
	(1.97)	(0.59)	(0.44)	(-0.63)	(-0.61)	(-2.43)
样本量	95	1854	95	1854	95	1854
R^2	0.65	0.556	0.88	0.783	0.738	0.704

注：括号内数值为稳健标准误；＊$p < 0.1$、＊＊$p < 0.05$、＊＊＊$p < 0.01$，分别表示在10%、5%和1%的水平上显著。

对比规模户与小农户三大主粮回归结果（见表 7-11），可以看出不论是哪种粮食作物，小农户不足 1 亩的地块数与户主年龄的系数均显著为正，这在一定程度上表明，小农户凭借经营者的生产经验与精耕细作的生产方式提高自己的粮食生产率。对于规模户来说，考虑到经营成本，其经营重心会放在高附加值农作物上，这也可能是规模户粮食作物土地生产率低于小农户的原因之一。

3. 基于不同地块属性及契约安排的回归结果

由于自有承包地块与转入地块间的地权稳定性会影响到农户的要素投入安排，并且土地间质量也可能存在差异，因而本书将对农户的自有承包地块和转入地块间土地生产率与经营规模的关系做回归分析。考虑到我国农村土地细碎化的现实背景，农户的转入地块也大多较为分散，因而这一部分选择的自有承包地块与转入地块均为家庭经营地块中面积最大的一个地块。本部分的安排是先对异质性农户的自有承包地块与生产率的关系进行回归分析（见表 7-12）；其次为了进一步探究经营规模异质性条件下农户经营规模对土地生产率的影响，本研究根据经营总规模将农户分为（0，30]亩，（30，50]亩，（50，200]亩，（200，500]亩四类，并分别对其转入地块与土地生产率间关系进行回归分析（见表 7-13）。最后由于有些样本的契约安排变量缺失严重，因此仅对小农户与规模户回归，探究地权是否稳定条件下经营规模对生产效率的影响（见表 7-14），研究结果如下。

表 7-12　　　　　　　　　　异质性农户承包地回归结果

变量名称	总农户	规模户	小农户
经营面积（取对数）	1.37 *** (4.58)	5.55 *** (3.21)	-0.11 (-0.30)
经营面积的平方（取对数）	-0.36 *** (-3.49)	-1.32 *** (-3.43)	0.04 (0.45)

续表

变量名称	总农户	规模户	小农户
经营的地块总数（取对数）	2.06 *** (10.44)	-0.30 (-1.46)	3.30 *** (22.66)
不足1亩的地块数（取对数）	-0.83 *** (-3.96)	0.74 *** (2.86)	-1.82 *** (-9.98)
年龄	0.001 (0.13)	0.04 (1.36)	-0.00 (-0.55)
文化程度	-0.08 *** (-4.28)	0.08 (0.72)	-0.10 *** (-5.07)
农业技术培训	0.08 (0.54)	1.11 (1.43)	0.10 (0.65)
坡度	-0.02 (-0.34)	-2.39 ** (-2.56)	0.07 (1.11)
灌溉	-0.63 *** (-2.89)	3.42 *** (2.66)	0.43 * (1.88)
肥力	-0.10 (-1.01)	1.24 ** (2.12)	-0.23 ** (-2.03)
常数	1.44 ** (2.06)	-4.91 (-1.40)	1.57 ** (2.20)
样本量	2037	80	1800
R^2	0.231	0.317	0.280

注：括号内数值为稳健标准误；* $p<0.1$、** $p<0.05$、*** $p<0.01$，分别表示在10%、5%和1%的水平上显著。

表7-13　　　　　　　　异质性经营规模下转入地块回归结果

变量名称	所有农户	(0, 30] 亩	(30, 50] 亩	(50, 200] 亩	(200, 500] 亩
经营面积（取对数）	1.69 *** (7.43)	2.50 *** (2.85)	3.42 ** (2.35)	3.13 *** (2.82)	-2.47 (-1.33)
经营面积的平方（取对数）	-0.23 *** (-3.54)	-0.57 * (-1.66)	-0.81 ** (-2.33)	-0.54 ** (-2.40)	0.33 (1.39)

续表

变量名称	所有农户	(0, 30] 亩	(30, 50] 亩	(50, 200] 亩	(200, 500] 亩
经营的地块总数（取对数）	0.89 *** (8.94)	0.68 *** (6.40)	1.37 (1.06)	0.37 (0.97)	0.04 (0.23)
不足 1 亩的地块数（取对数）	− 0.27 ** (− 2.52)	− 0.23 *** (− 2.61)	0.24 (0.16)	− 0.06 (− 0.12)	0.27 (0.89)
年龄	0.03 (0.71)	0.05 (1.53)	0.03 (0.56)	0.10 ** (2.47)	0.04 (0.77)
文化程度	− 0.03 (− 0.27)	− 0.02 (− 0.24)	0.26 (1.64)	0.15 (1.10)	− 0.15 (− 1.06)
农业技术培训	− 0.07 (− 0.87)	− 0.14 * (− 1.91)	0.99 (1.06)	0.31 (0.33)	− 0.32 (− 0.36)
坡度	0.087 (1.23)	0.031 (0.55)	− 0.767 (− 0.86)	1.479 (1.46)	0.254 (1.13)
灌溉	0.08 (0.83)	0.11 (1.36)	− 1.69 (− 1.15)	− 2.72 *** (− 3.20)	1.46 (0.81)
肥力	− 0.02 (− 0.45)	− 0.06 (− 1.25)	0.74 (0.75)	0.09 (0.12)	1.13 (1.48)
常数	− 0.82 ** (− 2.41)	− 0.62 ** (− 2.28)	− 6.47 (− 1.10)	− 6.86 * (− 1.72)	4.61 (1.48)
样本量	2037	1823	31	55	26
R^2	0.416	0.335	0.529	0.302	0.478

注：括号内数值为稳健标准误；* $p < 0.1$、** $p < 0.05$、*** $p < 0.01$，分别表示在 10% 、5% 和 1% 的水平上显著。

表 7 − 14　　　　　　　地权稳定条件下转入地块结果

变量名称	总农户	小农户	规模户
经营面积（取对数）	− 2.42 *** (− 5.32)	− 2.05 *** (− 3.32)	− 2.11 ** (− 2.04)
经营面积的平方（取对数）	0.35 *** (5.21)	0.25 ** (2.22)	0.26 ** (2.11)

续表

变量名称	总农户	小农户	规模户
经营的地块总数（取对数）	1.17 *** (5.28)	2.37 *** (7.06)	0.08 (0.37)
不足 1 亩的地块数（取对数）	−0.33 (−1.38)	−0.98 ** (−2.51)	0.06 (0.29)
年龄	0.02 (1.00)	0.04 (1.48)	0.04 (1.52)
文化程度	0.03 (0.57)	0.07 (1.18)	−0.00 (−0.00)
农业技术培训	−0.33 (−0.94)	−0.78 ** (−1.98)	0.45 (0.68)
坡度	−0.63 *** (−2.62)	−0.12 (−0.59)	−1.82 ** (−2.28)
灌溉	1.04 * (1.88)	1.25 ** (2.21)	0.93 (0.47)
肥力	−0.38 (−1.39)	−0.50 (−1.57)	0.61 (1.56)
是否讲明流转期限	−0.84 (−1.35)	−0.23 (−0.39)	1.22 (0.86)
流转期限（取对数）	0.53 (1.11)	−0.23 (−0.56)	0.17 (0.18)
剩余期限（取对数）	0.64 (1.50)	0.48 (1.13)	0.46 (0.68)
常数	4.43 ** (2.18)	0.96 (0.43)	6.10 * (1.76)
样本量	339	235	92
R^2	0.290	0.381	0.232

注：括号内数值为稳健标准误；* $p < 0.1$、** $p < 0.05$、*** $p < 0.01$，分别表示在 10%、5% 和 1% 的水平上显著。

由回归结果可以看出：（1）首先，对于最大承包地块，总农户与规模户的一次项系数均显著为正，二次项系数均显著为负，表明其最大承包地块的经营规模与土地生产率间的倒"U"型关系稳健可靠。其次，规模户最大承包地块的土地质量特征均通过了显著性检验，坡度的系数为负并显著、灌溉与肥力的系数为正且显著，承包地块的土地质量越好，生产率越高。与基准回归相比，规模户承包地块的生产效率更依赖其土地质量。（2）对于最大转入地块来说，在不考虑契约安排的情况下，除了（200，500］亩的规模户外，其余农户经营规模的一次项系数均显著为正，二次项系数显著为负，表明最大转入地块规模与土地生产率间依然为倒"U"型关系。其次，对于小农户来说，经营规模越大，转入地块的一次项系数也随之显著变大，这说明小农户适度扩大土地规模反而有助于土地生产率的提高。（3）在考虑地权稳定性、契约安排等变量后，从表 7 - 14 可以看出，总农户与异质性农户最大转入地块经营规模的一次项系数均为负且在 1% 置信水平上显著，二次项系数均为负且在 1% 置信水平上显著，表现出了稳健的"U"型关系且在左半支显著，说明考虑使用权稳定性因素后，转入地块规模的扩大可能会因为雇工监督等问题造成一定的效率损失，但这种损失是暂时的，当使用权愈加稳定，转入地块规模的增加依然有助于土地生产率的提高。其次，规模户转入地块的土地生产率明显高于小农户，规模户比精耕细作的小农生产方式更有生产优势。

7.4.3　稳健性与内生性检验讨论

1. 稳健性检验

根据基准回归部分可知，从总经营规模来看，总农户与异质性农户经营规模的一次项系数均显著为正，二次项系数均显著为负。为了使上述回归结果更加严谨，通过借鉴已有研究的基本思路，本部分通过补充资本投入和劳动力投入两类变量构建一个生产函数模型以及替换被解释变量这两种方式对模型结果进行稳健性检验。在此部分，模型（5）、模型（6）、模型（7）分别将资本投入与劳动投入纳入农户总经营规模、农户承包地块、农户转入地块模型中，模型（8）将农户总经营规模的土地生产率由原来的作物总产量与总种植面积的比值替换为总产量与经营的总面积的比值。结果见表7－15。与前文构造的单产模型相比，稳健性检验中的四个模型无论是关键变量的显著性还是系数符号均与上文的检验结果一致。说明本研究的回归结果是稳健的，模型设定合理。

表7－15   稳健性检验结果

变量名称	（5）	（6）	（7）	（8）
经营面积（取对数）	2.57 *** (19.44)	0.23 *** (2.64)	0.18 *** (3.23)	2.58 *** (19.75)
经营面积的平方（取对数）	-0.34 *** (-14.79)	-0.04 * (-1.35)	-0.04 ** (-2.54)	-0.28 *** (-14.34)
资本投入（取对数）	0.13 *** (4.70)	1.23 *** (100.03)	1.25 *** (49.44)	
劳动投入（取对数）	-0.04 (-1.39)	0.06 (1.63)	0.03 (0.81)	
经营的地块总数（取对数）	0.31 *** (2.58)	0.05 (1.35)	0.02 (1.12)	-0.69 *** (-6.52)
不足1亩的地块数（取对数）	0.65 *** (6.50)	-0.07 (-1.51)	-0.05 (-1.39)	0.45 *** (5.01)
年龄	0.01 *** (3.70)	0.00 (0.39)	0.00 (1.63)	0.02 *** (3.97)
文化程度	0.01 (1.44)	-0.01 (-1.38)	0.01 *** (2.69)	0.02 (0.14)
农业技术培训	0.07 (0.88)	-0.03 (-0.78)	-0.01 (-0.53)	0.25 ** (2.37)
坡度	0.19 (0.82)	-0.00 (-0.00)	0.06 (0.76)	-0.11 (-0.88)
灌溉	-0.05 (-0.12)	-0.08 (-0.20)	0.02 (1.45)	-0.34 *** (-2.77)

变量名称	（5）	（6）	（7）	（8）
肥力	0.02 (0.35)	-0.02 (-0.67)	-0.01 (-0.40)	-0.10* (-1.74)
常数	0.03 (0.07)	0.17 (0.75)	-0.18** (-2.12)	3.17*** (5.84)
样本量	2036	2036	2036	1316
R^2	0.584	0.896	0.954	0.422

注：括号内数值为稳健标准误；* $p<0.1$、** $p<0.05$、*** $p<0.01$，分别表示在 10%、5% 和 1% 的水平上显著。

2. 倒"U"型关系检验

当前大多数文献实证部分普遍使用系数判断变量间的非线性关系，即根据二次项系数的符号判定是否存在"U"型和倒"U"型关系，当二次项系数符号为正且显著时就认为解释变量与被解释变量间存在"U"型关系，当二次项系数符号为负且显著时，存在着倒"U"型关系。随着计量经济学的发展，有部分学者认为只以系数作为检验标准过于薄弱，当解释变量与被解释变量间的关系是凸而单调时，模型估计将错误地产生一个极值点和"U"型关系，而且当倒"U"型曲线的转折点不在解释变量的数据范围内，使用系数判断法也可能得出错误的结论。此外，使用系数判断法检验倒"U"型关系时无法获知转折点的具体数据，在一定程度上削弱了研究结果的政策价值。为了使得到的倒"U"型关系结论更加严谨，本书借鉴林德和梅勒姆（Lind and Mehlum，2010）编写的检验程序，利用软件 Stata 对基准回归部分的异质性农户总经营规模进行 utest 检验，结果见表 7-16。

依据林德和梅勒姆的判定方法，若存在倒"U"型关系，必须满足三个条件：第一，一次项系数显著为正，二次项系数显著为负；第二，解释变量的区间下限处（lower bound）的斜率（slope）为正且显著，区间上限处（upper bound）的斜率（slope）为负且显著；第三，转折点（extreme point）在解释变量的取值区间内。从表 7－16 可以看出，基准回归中无论是总农户还是规模户和小农户，其土地生产率在经营规模下限的点在曲线上的切线斜率分别为 2.89、2.09、3.99，均为正且在 1% 水平上显著；上限的点在曲线上的切线斜率分别为 － 3.72、－ 0.90、－ 10.32，均为负且在 1% 水平上显著；转折点均处于数据区间内。此外，"utest" 总体检验水平的 p 值均小于 0.01，强烈拒绝单调和 "U" 型的原假设，表明在 1% 的显著性水平下农户总经营规模与土地生产率间的倒 "U" 型关系通过检验。前文基准回归结果稳健可靠。

表 7 － 16   utest 检验结果

项目	总农户总规模	规模户总规模	小农户总规模
最小值	0	0	0
最小值处斜率	2.89	2.09	3.99
$p > \lvert t \rvert$	0.00	0.00	0.00
最大值	8.57	8.57	8.57
最大值处斜率	－ 3.72	－ 0.90	－ 10.32
$p > \lvert t \rvert$	0.00	0.00	0.00
转折点	3.75	5.99	2.39
是否存在倒 "U" 型关系	是	是	是
t 值	13.76	4.41	0.44
p 值	0.00	0.00	0.00

注：规模均已取对数；$p > \lvert t \rvert$ 表示显著性水平。

3. 内生性检验

由于不能排除土地生产率越高越倾向于扩大经营规模的可能性，经营规模与土地生产率可能存在着反向因果的问题。为了进一步降低内生性问题带来的误差，本书选择使用工具变量法进行内生性检验。工具变量一方面要与解释变量高度相关，另一方面也要满足不与被解释变量直接相关。基于此，本研究选择关键解释变量——经营规模的滞后一期数据作为工具变量，采用两阶段最小二乘模型进行内生性处理，试图在一定程度上消减农户土地生产率与其总经营规模间的双向因果关系。由于土地经营投入具有积累性，滞后一期的经营规模与当期农户的经营面积的土地质量以及经营规模相关，但同时作为历史数据不会影响到当期的作物生产，因而农户滞后一期的经营规模满足工具变量的相关性与外生性条件。

由于使用的数据存在着异方差问题，传统的豪斯曼检验需建立在同方差的前提下，故而本研究使用异方差稳健的 Durbin-Wu-Huasman（DWH）检验，结果显示，DWH 检验的 p 值为 0.0009，小于 0.01，故可认为当期农户的经营规模为内生解释变量。根据不可识别检验显示，Kleibergen-Paap rk LM 统计量的 p 值均小于 0.1，强烈拒绝工具变量识别不足的原假设。弱工具变量检验的 Cragg-Donald Wald F 统计量与 Kleibergen-Paap rk Wald F 统计量均大于 Stock-Yogo weak ID test critical values 中 10% 偏误的临界值，因此可以拒绝原假设，即不存在弱工具变量问题。通过上述检验，本书以农户经营规模的滞后期与转入地块规模的滞后期作为工具变量是合理的，能够有效处理由双向因果和遗漏变量等导致的内生性问题。本研究内生检验分为两部分，一是用农户总经营规模的滞后一期作为工具变量，分类讨论异质性农户总经营规模模型的内生性问题（见表 7-17）；二是考虑到在实际生活中农户最大自有承包地块比较稳定，滞后一期的最大承包地块面积与当期数据相差不大，因而在第二部分仅对异质性农户的转入地块进行分类讨论（见表 7-18）。同时，为了在滞后期模型中进一步检验倒"U"型关系的可靠性，进行 utest 检验，结果见表 7-19。

表 7 – 17   总经营规模内生性检验

变量名称	总农户	小农户	规模户
经营面积（取对数）	2.79 *** (15.86)	3.18 *** (14.74)	1.11 *** (2.64)
经营面积的平方（取对数）	– 0.34 *** (– 14.06)	– 0.47 *** (– 11.71)	– 0.02 (– 0.47)
经营的地块总数（取对数）	0.19 (1.11)	0.15 (0.78)	0.07 (0.52)
不足 1 亩的地块数（取对数）	0.75 *** (6.48)	0.78 *** (6.10)	– 0.03 (– 0.38)
年龄	0.02 *** (4.40)	0.01 *** (3.76)	0.00 (0.00)
文化程度	0.02 (1.50)	0.02 (1.42)	– 0.02 (– 0.82)
农业技术培训	0.02 (0.27)	0.07 (0.75)	0.18 (0.81)
坡度	0.11 (0.84)	0.06 (0.46)	0.03 (0.84)
灌溉	– 0.05 (– 0.42)	– 0.00 (– 0.00)	– 0.05 (– 0.32)
肥力	0.01 (0.13)	0.01 (0.12)	0.06 (0.66)
识别不足检验（LM 值）（p 值）	107.34 (0.00)	82.45 (0.00)	8.977 (0.00)
弱工具检验（F 值）	78.32	57.95	9.67
Stock-Yogo 临界值	7.03	7.03	7.03
常数	– 0.03 (– 0.07)	0.12 (0.24)	0.10 (0.15)
样本量	2036	1908	128
R^2	0.57	0.57	0.92

注：括号内数值为稳健标准误；* $p < 0.1$、** $p < 0.05$、*** $p < 0.01$，分别表示在 10%、5% 和 1% 的水平上显著。

表 7 – 18 转入地块内生性检验

变量名称	总农户	小农户	规模户
经营面积（取对数）	1.09 *** （3.27）	1.97 *** （3.25）	2.83 ** （2.18）
经营面积的平方（取对数）	− 0.083 （− 0.95）	− 0.38 ** （− 2.08）	− 0.28 （− 1.50）
经营的地块总数（取对数）	0.96 *** （8.82）	0.92 *** （7.68）	0.31 （1.49）
不足 1 亩的地块数（取对数）	− 0.31 *** （− 2.68）	− 0.37 *** （− 3.09）	0.27 （1.29）
年龄	0.001 （0.27）	0.01 （1.48）	0.04 （1.20）
文化程度	− 0.00 （− 0.34）	0.00 （0.24）	0.03 （0.32）
农业技术培训	− 0.06 （− 0.75）	− 0.08 （− 1.11）	− 0.24 （− 0.39）
坡度	0.07 （1.18）	0.02 （0.42）	0.36 （1.29）
灌溉	0.10 （1.09）	0.107 （1.08）	− 0.574 （− 0.62）
肥力	− 0.03 （− 0.54）	− 0.04 （− 0.89）	0.459 （0.87）
常数	− 0.68 * （− 1.87）	− 0.87 *** （− 2.66）	− 5.048 ** （− 2.11）
识别不足检验（LM 值）（p 值）	9.69 （0.00）	21.25 （0.00）	3.29 （0.06）
弱工具检验（F 值）	233.01	89.69	21.88
Stock-Yogo 临界值	7.03	7.03	7.03
Observations	2036	1908	94
R^2	0.40	0.38	0.77

注：括号内数值为稳健标准误；* $p < 0.1$、** $p < 0.05$、*** $p < 0.01$，分别表示在 10%、5% 和 1% 的水平上显著。

表 7 – 19   **工具变量 utest 检验结果**

项目	总农户 总规模	小农户 总规模	规模户 总规模	总农户 转入地块	小农户 转入地块	规模户 转入地块
最小值	0	0	0	0	0	0
最小值处斜率	2.79	3.18	1.11	1.09	1.97	2.83
p > |t|	0.00	0.00		3.26	0.00	0.01
最大值	8.57	8.57	8.57	7.24	7.24	7.24
最大值处斜率	− 3.06	− 4.88	0.65	− 0.11	− 3.60	− 1.25
p > |t|	0.00	0.00		0.45	0.04	0.20
转折点	4.08	3.38	20.82	6.57	2.56	5.02
是否是倒"U"型关系	是	是	否	否	是	否
t 值	10.64	9.37		0.12	1.72	0.82
p 值	0.00	0.00		0.45	0.04	0.20

注：规模为滞后一期数据且均已取对数；p > \|t\|表示显著性水平。

通过农户总经营面积与最大转入地块面积的滞后期作为工具变量进行最小二乘两阶段回归后以及进行 utest 检验后，结果显示：（1）对于总经营规模来说，规模户总经营规模的一次项在 1% 水平上显著且系数为正，而二次项系数虽然为负，但并未通过显著性检验，且其倒"U"型关系的转折点超出了解释变量的数据区间，因而不能确定滞后期模型中规模户的经营规模与土地生产率间为倒"U"型关系。（2）总农户与小农户经营规模的一次项系数为正且通过 1% 显著性水平检验，经营面积的二次项系数为负且通过 1% 显著性水平检验，并且其经营规模数据区间下限的点在曲线上的切线斜率为正且在 1% 水平上显著、上限的点在曲线上的切线斜率为负且在 1% 水平上显著、转折点均处于数据区间内，故而总农户和小农户的滞后一期经营规模与土地生产率间的倒"U"型关系通过检验。（3）对于滞后一期最大转入地块规模来说，总农户与规模户的最大转入地块规模的二次项系数为负且均未通过显著检验，因而滞后一期最大转入地块的经营规模与土地生产率间的倒"U"

型关系未通过检验。（4）不论是总经营规模还是最大转入地块规模，小农户的土地生产率与经营规模间依然表现出稳健的倒"U"型关系，该结果与基准回归结果对比之下，除系数存在差异外，基本一致，估计结果保持稳健，前文结论及相关分析依旧成立。

与未使用滞后一期数据的回归结果相比，倒"U"型关系中的转折点发生了偏移，上下区间点的斜率大小发生了细微变化，但是农户经营规模与土地生产率之间的倒"U"型关系仍然稳健可靠。

7.5　本章小结

（1）首先本章利用 2021 年 CLES 数据库的截面数据，使用了非参数估计法，对农户单位面积产出与经营总规模的关系进行核密度估计与局部线性回归，拟合出核密度估计图和局部多项式回归图，通过图像可以看出，农户总经营规模与土地生产率间存在着明显的非线性关系。其次，借鉴已有研究的经验模型，结合本研究使用的变量，设定了本研究使用的基准模型，包括异质性农户总经营规模的回归模型、异质性农户不同作物品种的回归模型、异质性农户地块回归模型。

（2）在对纳入模型的变量进行多重共线性检验后，使用微观农户数据对异质性农户决策模型进行回归分析。异质性农户总规模回归结果表明，无论是哪类农户，其经营总规模与土地生产率间均表现出了稳健的倒"U"型关系，并且小农户拥有更高的单产优势。异质性农户不同作物品种的回归结果表明，无论是哪类农户，三大主粮的经营规模与土地生产率间均为稳健的倒"U"型关系，玉米的土地生产率最高，稻谷次之，小麦最低；并且小农户三大主粮的土地生产率要高于规模户，这表明小农精耕自作的生产方式带来了更高的粮食产出。异质性农户地块回归模型结果表明，在不考虑契约安排、地权稳定性前提下，规模户最大承包地块规模与最大转入地块规模与土地生产率都表现出了稳健的倒"U"型关系，小农户最大承包地块规模未通过显著性检验，但其最大转入地块规模与土地生产率仍表现出稳健的倒"U"型关系；在考虑了流转期限等相关变量后，异质性农户的最大转入地块规模与土地生产率之间却表现出了稳健的"U"型关系。这说明地权稳定性预期会影响到农户的生产要素配置，从而影响到土地生产率。

（3）本章对上述回归结果做了稳健性检验、倒"U"型关系检验与内生性检验。在稳健性检验部分，将劳动要素投入变量与资本投入变量纳入异质性农户决策模型，使其成为一个生产函数模型，再回归；此外，替换了被解释变量再次进行基准回归。通过上述两种稳健性检验的方法，农户经营规模与土地生产率仍然表现出了稳健的倒"U"型关系。在倒"U"型关系检验部分，使用"utest"检验方法，对基准回归得出的倒"U"型关系进行验证，检验结果表明倒"U"型关系成立，前文基准回归结果稳健可靠。在内生性检验部分，使用内生变量的滞后一期数据作为工具变量进行两阶段最小二乘法回归，进一步验证了异质性农户经营规模与土地生产率间倒"U"型关系的可靠性。

第8章

产权细分、土地规模经营
与规模经济效应分析

土地规模经济效应一直是农业经济学的经典研究话题之一。本章将利用微观调研数据从实证角度验证农地规模经营能否取得良好的经济效益。扩大农地经营规模能否实现农地生产的规模经济效应？能否增加农户收益？为减少农地细碎化的农地流转，农地规模经营后生产要素的投入能否获得规模报酬？本章将通过构建规模经营农户生产函数模型，对上述问题做出经济学解释。

8.1　土地规模经营"适度性"与规模经济效应的理论关系

8.1.1　土地规模经营"适度性"的理论阐释

　　农地适度规模经营是推动农业产业化发展、促进乡村振兴的重要力量。自1982年首个中央一号文件推行家庭联产承包责任制以来，单个农户家庭成为我国农业生产的基本单位。这种家庭经营体制造成了我国农业经营细碎化、分散化的局面。我们国家的基本国情的农情是人多地少，"人均一亩三分地，户均不过十亩田"。据第三次农业普查数据，我国现有农户约有2.3亿户，户均经营规模7.8亩，而经营耕地10亩以下的农户有2.1亿户①，这表明我国是个小规模甚至是超小规模的经营格局。

　　目前，国内外学者对土地规模经营的经济效应的研究主要聚焦在两个方面。一是从理论分析上，虽然部分理论研究认为土地流转是有效率的，能够解决土地经营规模小、耕地细碎化的问题（张丁、万蕾，2007），农地的集约发展是一种必然的趋势（Chen et al.，2014），但仍有相当一部分学者质疑农地的规模经营。以美国新古典经济学家舒尔茨为代表的学者认为发展农业规模经营并不能提高农业生产率，未必能提升经济效益；国内也有学者认为农业生产的规模经济效应并不显著（罗必良，2000），农地经营规模扩大并未实现报酬的规模递增，且不存在规模经济现象（王嫚嫚等，2017）。在政府强调农业适度规模发展的初期，有学者认为生产技术存在"规模经济"的

---

　　①　国家统计局，http://www.stats.gov.cn/tjsj/tjgb/nypcgb/。

理论难以运用到农业生产中，在国内推行土地的适度化规模经营对农业现代化的发展并不显著（王诚德，1989）。近年来的许多研究开始辩证地看待农地规模经营，不再单方面持肯定或否定的态度，而是把农地规模经营作为农业供给侧结构性改革的关键一环，将农地规模经济与服务规模经济的融合发展作为农业经营方式转型的方向（罗必良，2017），鼓励发展因地制宜型的农地适度规模经营，推进我国农地经营模式改革（杨义兴，2022），培育新型职业农民，发展农地的适度规模集中助力构建农业产业现代化体系，将农地的适度规模经营作为乡村振兴的着力点（李怀，2022）。

二是从实证检验的层面来看，大致可以分为两个方向：一部分学者经过实证分析，得出农地经营规模扩大反而会造成报酬的规模递减，即存在着土地产出与土地经营面积之间的反向关系（Sen，1962），否定了农地规模经营的积极作用，认为土地适度规模经营并不能发挥良好作用（刘凤芹，2006）。任治君（1995）实证研究发现，土地适度规模经营对土地产出率无促进作用，反而有抑制作用。还包括许庆等（2011）、王昭耀（1996）基于安徽，解安（2002）基于福建，弗莱舍和刘（Fleisher and Liu，1992）、巴雷特（Barrett，1996）基于包括中国在内的十几个发展中国家所做的实证分析都基本上否定了"规模报酬递增"规律的存在。然而这些实证结果并未改变众多学者的支持态度。学者们基于不同地区的经验证据实证发现发展土地规模经营可以降低农业生产成本，促进农业技术的推广，提高土地产出，利于土地规模报酬递增（万广华等，1996；刘凤芹，2006；赵鲲等，2016；段禄峰等，2021）。从近年来的研究中看，有不少学者从资源配置的角度分析并提出土地经营规模适度扩大对农业生产绩效的提高具有正面效应（阮荣平等，2017），规模化经营有利于粮食单产的提高（张冲、廖海亚，2021；周记顺、李慧芸，2022），可以显著提升农户对农业社会化服务的投入水平（曲朦、赵凯，2021）、释放农村劳动力（李政通、顾海英，2022），支持农户通过土地流转发展农地的适度规模经营（赵金龙等，2021）。

在中国农村劳动力非农就业不断增加、规模经营持续发展的现实背景下，土地经营规模与农业生产效率之间存在反向关系的前提条件逐渐被弱化（倪国华、蔡昉，2015）。虽然部分学者通过理论分析与实证检验认为在我国推行土地规模经营并不能带来积极作用，但目前大部分学者仍然支持发展农地适度规模经营，并从实现农业现代化、获得规模报酬等不同角度论证发展农地适度规模经营的必要性。而适度规模经营农户（家庭农场）是更符合我国国情的生产经营单位，是解决我国农村农业产业升级困难、隐性失业、收入水平低等一系列问题的重要方式（黄宗智、彭玉生，2007），专业合作社则可以为国内占大多数的分散的小规模经营农户提供技能培训与技术服务，更好地解决小农户与大市场之间的矛盾，实现小规模农户的持续性发展（黄宗智，2010）。当前我国新型农业经营主体的数量不断扩张，通过规模化经营获得经济效用将是新型农业经营主体的发展方向（张红宇，2018）。

8.1.2 土地规模经济效应的理论分析

1. 理论前提

本节基于西蒙（Simon）提出的"有限理性经济人"的假设，即农户基于自身经济效益最大化的目标会选择经济效用最大的方案，但由于自身能力和客观条件的限制，农户仅在有限理性的条件下获得。本文的研究假设是农户进行规模经营的诱因是由生产的经济动机和客观条件共同决定的（耿宁、李秉龙，2016）。由于农户是自利的，进行生产活动的目的就是实现经济报酬的最大化，而扩大经营面积进行规模经营实际上是一种风险投资，当扩大规模进行生产的预期收益低于原有生产规模的收益时，农户就会有规避风险的倾向（Arrow，1970），继而选择退出规模经营生产回到原有农地生产模式。

2. 基于土地报酬变化的三阶段分析

在西方经济学和生产经济学中，任何一种产业要生产一种产品都需要一

定的生产要素的投入和组合。市场经济条件下任何产业的产品都是由投入的
生产要素转化而来的，因而需要对农地规模经营的投入资源和产出进行经济
计量和判断，以便为政策制定者和农户是否进一步实行农地的规模经营提供
依据。从生产函数上看，在一个生产过程中，土地报酬运动一般表现为递增、
固定、递减三种报酬形态。固定报酬作为一种等量生产力在实际生产活动中
并不常见，因此本书将其并入递增的土地报酬形态。由图 8 - 1 不难看出，在
农地生产的第一阶段，边际产量曲线 MPP 达到最高点 M，与之相对应的投入
量为 I，从 O 点到 I 点总产量曲线 TPP 向下凸的一段是报酬递增阶段，此时
的生产弹性大于 1；从 I 点 TPP 曲线向上凸出进入边际报酬递减阶段，对应
的生产弹性也开始递减。在第二阶段，边际产量和平均产量都随着可变资源投
入的增加而降低，直至边际产量为 0。此时生产弹性降为 0，总产量达到最高
点。在总产量到了现有生产技术水平下的最高点以后，意味着可变资源的投放
量也到了最优的状态，此时不适合再追加投放量。在第三阶段，可变资源投入
的持续增加不仅带来了边际产量和平均产量的进一步递减，也导致了总产量的
递减。这说明此时的资源投入是无意义的，因而此时应该停止投入，降低损失。

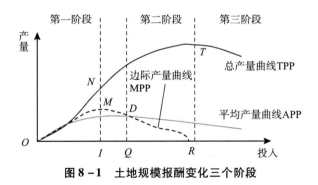

图 8 - 1　土地规模报酬变化三个阶段

3. 基于土地规模经济的解释

规模经济一般表现为大规模生产具有优越性，但并不是说规模越大越好，
随着经营规模的变化，农户的效益依次表现为递增、不变、递减的状态。当

土地规模报酬处于递增或者不变的条件时，称为土地规模经济。规模经济表明农地规模经营需要有一个适度的规模。土地规模报酬变化的三阶段（见图 8-1）表明土地规模报酬不变时的土地经营规模是最佳经营规模。但在实际生产过程中受制于主客观条件的限制，农地的经营规模并不总是处于长期生产成本的最低点，也就是说农地生产经营规模并不能总是处于最优规模，因此要坚持土地规模经营的适度原则。在一定时期只要做到了土地资源的充分利用，在生产资源的投放量上做到适度，土地的规模报酬递增或者不变，而不是递减的，即生产弹性大于或等于 1，农户扩大生产规模会带来土地报酬的递增，那么就可以认为此时农户实现了规模经济；反之若生产弹性小于 1，农户扩大生产规模带来的是土地规模报酬递减，此时的生产经营处于规模不经济的阶段。

8.2　分析框架与模型设定

上述规模经济的相关理论基础为研究土地规模经营的经济效应提供了理论指导和方法借鉴。事实上，土地的规模经营的发展要最终以新型农业经营主体为主，如家庭农场、农民专业合作社，而新型农业经营主体作为"有限理性经济人"决定其进行土地规模经营的动力在于实现规模经济效应，因此本书引入成本函数进而估计成本弹性来具体考察土地适度规模经营的规模经济问题。

本书的数据来源于山东省平度市的土地规模经营户。由于农产品的销售价格是被动接受的，因而假定农产品价格是外生的，成本函数如下：

$$C = C(S, P) \tag{8-1}$$

其中，C 是农地生产总成本，S 为农地经营面积，P 是各投入要素的价格向量。假定 P 包括了土地（P_1）、劳动（P_2）、资本（P_3）三种要素，成本函数的模型设定采用超越对数函数，即 Translog 函数形式，与 C-D 函数相比，该函数能更加灵活的测定产出对成本的弹性系数，因而在实际研究中有较为

广泛的应用。具体的表达式为

$$\ln C = \alpha_0 + \sum_i \partial_i \ln P_i + \frac{1}{2}\left(\sum_i \sum_j \alpha_{ij} \ln P_i \ln P_j \right) + \gamma \qquad (8-2)$$

依据泰勒展开式，得到二阶逼近式：

$$\ln C = \alpha_0 + \alpha_s \ln S + \frac{1}{2}\alpha_{ss}(\ln S)^2 + \alpha_{s1}\ln S\ln P_1 + \alpha_{s2}\ln S\ln P_2 + \alpha_{s3}\ln S\ln P_3$$

$$+ \beta_1\ln P_1 + \frac{1}{2}\beta_{11}(\ln P_1)^2 + \beta_{12}\ln P_1\ln P_2 + \beta_{13}\ln P_1\ln P_3 + \beta_2\ln P_2$$

$$+ \frac{1}{2}\beta_{22}(\ln P_2)^2 + \beta_{23}\ln P_2\ln P_3 + \beta_3\ln P_3 + \frac{1}{2}\beta_{33}(\ln P_3)^2 \qquad (8-3)$$

运用谢泼德引理（Shephard Lemma）对式（8-3）中的各投入要素进行一阶偏微分，对农地经营规模进行一阶偏微分，便得到规模经营户农地经营成本的成本弹性表达式：

$$E_s = \frac{\partial \ln C}{\partial \ln S} = \alpha_s + \alpha_{ss}\ln S + \alpha_{s1}\ln P_1 + \alpha_{s2}\ln P_2 + \alpha_{s3}\ln P_3 \qquad (8-4)$$

其中，E_s 表示农户农地生产规模变动 1% 对总成本的影响。当 E_s 小于 1 时，表示农地经营规模 1% 的变动对总成本的影响小于 1%，此时处于规模经济的阶段；反之则处于规模不经济的阶段。当 E_s 等于 1 时，农地经营规模每变化 1%，总生产成本也随之变化 1%，此时农户处于规模经济和规模不经济的临界点。本书的测算过程是首先对式（8-3）进行回归估计，然后将所得参数值代入式（8-4），得到最终的农地生产规模的成本弹性的测算结果。

8.3 数据描述性分析与变量选取

8.3.1 调研数据描述性分析

平度市作为国家现代农业示范区之一，土地流转率达到 40% 以上。本研究所用数据来自课题组于 2018 年 7 月、8 月和 11 月以及 2020 年 7 月四次对平度市南村镇、白埠镇、崔家集镇、大泽山镇、店子镇等 13 个村镇开展随机抽样调查,有效样本总规模为 877 户,其中非参与户为 443 户,租出户(含入股户)(入股户为本地以承包经营权入股的农户,也算作农地供给方)为 259 户,租入户为 175 户(主要为土地规模经营户,包括家庭农场,专业合作社和种粮大户)。剔除掉部分变量数值不够明确的样本,本书共选取 77 户租入户来反映当地的土地规模经营情况,其中合作社户 22 户,平均生产规模为 282.05 亩,家庭农场户 55 户,平均生产规模为 149.73 亩。

(1)从土地经营规模上可以看出(见图 8-2、图 8-3),大约有 36.36% 的专业合作社的生产规模主要集中在 200~400 亩这一范围内,平均经营规模为 282.05 亩,而家庭农场的生产规模相对较小,大约有 70.91% 集中在 200 亩及以下,平均经营规模为 149.73 亩。

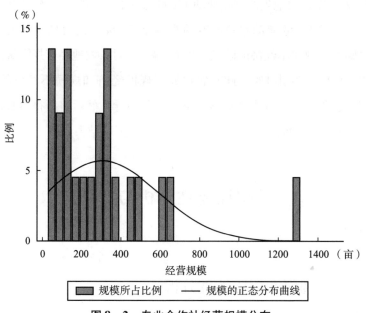

图 8-2 专业合作社经营规模分布

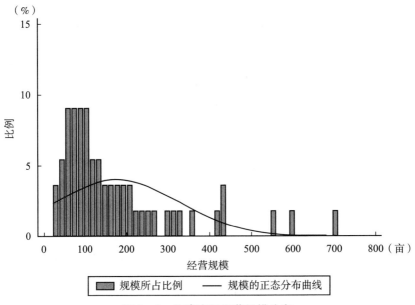

图 8-3 家庭农场经营规模分布

（2）从要素投入上看（见表 8-1），专业合作社和家庭农场的经营面积（*S*）差异明显，并且在 5% 水平上通过 T 检验。两类规模经营主体的总成本投入（*C*）和可变成本投入中的农地流转价格（*R*）均值存在着较大差异，且在 1% 水平上通过 T 检验。专业合作社的固定资本投入（*K*）也显著高于家庭农场的投入成本，这可能是因为专业合作社经营规模更大，对农机设施的需求更大，并且大规模集中的经营面积也为生产性机械设施的使用提供了便利条件，基于对生产效率和生产成本的考量，投资农机对专业合作社来说是一种更为理性经济的选择，而家庭农场受限于家庭经济条件和相对较小的经营面积，对于农机设施的需求不高，反而会更依赖人力资本，这也可能是两类规模经营主体雇佣劳动力（*L*）投入的均值差绝对值相对较小的原因。

表 8 - 1　　　　　　　**主要变量的描述性统计特征及差异**

变量	简称	总规模经营户		专业合作社		家庭农场		均值差
		标准差	均值	标准差	均值 A	标准差	均值 B	(H₀: A - B = 0)
农地经营面积（亩）	S	203.72	214.22	282.05	308.30	149.73	176.60	131.77 **
年均单位面积总成本	C	1434.25	2352.86	1861.29	2943	1161.45	2117	826.77 ***
农地流转价格（元/亩）	R	309.95	616.38	454.79	764.60	205.53	557.10	207.51 ***
固定资产投入（元/亩）	K	1070.05	1255.54	1368.54	1572	908.76	1129	443.70
雇佣劳动力（元/亩）	L	793.05	486.14	1205.85	620	556.30	432.60	187.40
经营者年龄	age	6.68	46.23	6.16	44.32	6.78	47	- 2.68
经营者受教育程度	edu	0.88	2.57	1.08	2.73	0.79	2.51	0.22
家庭非农就业比例	rate	0.21	0.14	0.21	0.16	0.21	0.12	0.04
距城区的距离	distance	6.20	29.18	6.97	29.18	5.93	29.18	0

注：*** 表示在 1% 水平上统计显著，** 表示在 5% 水平上统计显著。

（3）从控制变量来看，与家庭农场相比，专业合作社的受教育程度（edu）及非农就业比例（rate）更高，表明其文化程度更高、非农就业机会更多，这在一定程度上代表专业合作社经营主体的综合素质更高。两类经营主体的年龄分布均呈"单峰形"（见图 8 - 4），家庭农场经营主体的平均年龄为 47 岁，最大值达到了 65 岁，大于 50 岁的占比为 24.3%，而专业合作社经营主体的平均年龄为 44.3 岁，大于 50 岁的占比仅为 3.6%，且不存在大于 55 岁的经营者，即相比于专业合作社，家庭农场经营主体的老龄化问题更加严重。

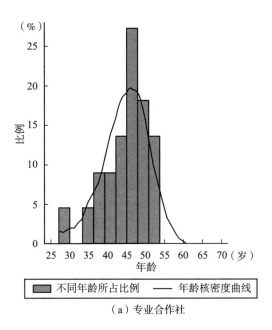

（a）专业合作社

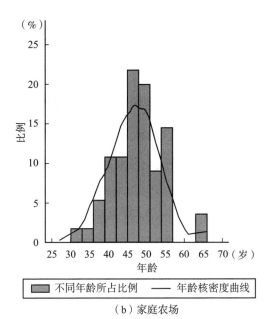

（b）家庭农场

图 8－4　两类新型农业经营主体的年龄核密度

8.3.2　变量选取与数据检验

严格来讲，农业生产是一个复杂的生产过程，其投入产出形式会受到技术、气候等外在因素的影响。因而，本书将"农地经营规模"设为因变量，用农地经营面积（S）表示，自变量包括农地经营的投入要素向量和控制变量，其中投入要素向量分为"单位面积经营总成本"（C）、可变成本价格和固定成本价格。可变投入成本包括农地流转价格（R）和劳动力投入（L），固定成本（K）为除了农地流转价格及劳动力投入之外的其他生产要素投入，包括种子、化肥、农家肥、农膜、农药、生产用水电、雇（租）用机械、固定资产折旧及修理费及其他费用。为了避免遗漏变量影响结果的准确性，本书在模型中加入了以下控制变量：经营者年龄（age）、经营者受教育程度（edu）、家庭非农就业比例（$rate$）以及到城区距离（$distance$）。对上述的所有变量进行描述性统计，见表 8 - 1。

8.4　农户土地规模经营的成本弹性测度

8.4.1　估计结果分析

在进行回归之前，首先需要对各自变量间可能存在的多重共线性问题进行检验，对变量间的相关性进行分析。方差膨胀因子（VIF）和容忍度（TOL）测算结果（见表 8 - 2）显示，本研究总样本自变量的平均方差膨胀因子值为 1.22，两类经营主体自变量的平均方差膨胀因子值分别为 1.41 和 1.26，并且 VIF 值最大仅为 1.77，远小于 10。因此可以看出本研究模型的多重共线性问题并不严重，模型在可以接受的范围内。

表 8-2　　　　　　各自变量方差膨胀因子和容忍度测算结果

变量	总规模经营户		专业合作社		家庭农场	
	VIF	TOL（1/VIF）	VIF	TOL（1/VIF）	VIF	TOL（1/VIF）
农地经营面积（亩）	1.38	0.72	1.77	0.56	1.45	0.69
年均单位面积总成本	1.32	0.76	1.58	0.63	1.43	0.70
农地流转价格（元/亩）	1.25	0.80	1.49	0.67	1.36	0.74
固定资产投入（元/亩）	1.24	0.80	1.48	0.68	1.21	0.83
雇佣劳动力（元/亩）	1.20	0.83	1.39	0.72	1.21	0.83
经营者年龄	1.15	0.87	1.28	0.78	1.18	0.85
经营者受教育程度	1.11	0.90	1.25	0.80	1.12	0.89
家庭非农就业比例	1.07	0.94	1.06	0.94	1.09	0.92
VIF 均值	1.22		1.41		1.26	

为测度平度市农地规模经营的经济效应，即成本弹性，本书利用软件 Stata16.0 对农地经营样本进行总成本方程（8-3）估计，针对截面数据可能会带来异方差现象从而影响结果的准确性，本书在 OLS 模型的基础上进行稳健标准误处理，对专业合作社和家庭农场在小样本 OLS 模型的基础上进行聚类标准误处理，结果如表 8-3 所示。

表 8-3　　　　　　规模经营主体的成本函数估计结果

总规模经营户				专业合作社				家庭农场			
解释变量	系数	系数估计值	p 值	解释变量	系数	系数估计值	p 值	解释变量	系数	系数估计值	p 值
$\ln S$	α_s	0.616	0.479	$\ln S$	α_s	6.828	0.111	$\ln S$	α_s	-0.648	0.42
$\ln R$	β_r	-0.06	0.956	$\ln R$	β_r	-0.563	0.803	$\ln R$	β_r	-0.094	0.96
$\ln K$	β_k	2.226**	0.038	$\ln K$	β_k	-17.813**	0.034	$\ln K$	β_k	0.034	0.967

续表

总规模经营户				专业合作社				家庭农场			
解释变量	系数	系数估计值	p 值	解释变量	系数	系数估计值	p 值	解释变量	系数	系数估计值	p 值
$\ln L$	B_l	-1.672	0.109	$\ln L$	B_l	7.563**	0.029	$\ln L$	B_l	-1.298	0.178
$\ln S\ln S$	α_{ss}	-0.108*	0.074	$\ln S\ln S$	α_{ss}	-0.144	0.31	$\ln S\ln S$	α_{ss}	0.034*	0.079
$\ln S\ln R$	α_{sr}	0.091	0.391	$\ln S\ln R$	α_{sr}	-0.205	0.18	$\ln S\ln R$	α_{sr}	-0.019	0.824
$\ln S\ln K$	α_{sk}	-0.16**	0.05	$\ln S\ln K$	α_{sk}	-0.172	0.334	$\ln S\ln K$	α_{sk}	-0.044	0.214
$\ln S\ln L$	α_{sl}	0.167*	0.074	$\ln S\ln L$	α_{sl}	-0.509	0.148	$\ln S\ln L$	α_{sl}	0.131*	0.061
$\ln R\ln R$	β_{rr}	0.164*	0.086	$\ln R\ln R$	β_{rr}	-0.112	0.308	$\ln R\ln R$	β_{rr}	0.148	0.203
$\ln R\ln L$	β_{rl}	0.214	0.123	$\ln R\ln L$	β_{rl}	1.135***	0.004	$\ln R\ln L$	β_{rl}	0.136	0
$\ln R\ln K$	β_{rk}	-0.46**	0	$\ln R\ln K$	β_{rk}	-0.305***	0.004	$\ln R\ln K$	β_{rk}	0.099***	0.008
$\ln L\ln L$	β_{ll}	0.039	0.338	$\ln L\ln L$	β_{ll}	0.588	0.151	$\ln L\ln L$	β_{ll}	-0.176	0.112
$\ln L\ln K$	β_{lk}	-0.102	0.114	$\ln L\ln K$	β_{lk}	-0.097	0.609	$\ln L\ln K$	β_{lk}	-0.023	0.785
$\ln K\ln K$	β_{kk}	0.17	0	$\ln K\ln K$	β_{kk}	-0.107	0.13	$\ln K\ln K$	β_{kk}	-0.023	0.524
age	γ_1	0.004	0.629	age	γ_1	0.001	0.906	age	γ_1	0.006***	0.01
edu	γ_2	-0.054	0.353	edu	γ_2	-0.138	0.133	edu	γ_2	-0.001	0.952
$distance$	γ_3	-0.005	0.555	$distance$	γ_3	0.038**	0.044	$distance$	γ_3	-0.001	0.807
$organ$	γ_4	-0.2	0.12	$rate$	γ_4	-0.708**	0.061	$rate$	γ_4	0.132	0.168
常数	α_0	0.642	0.899	常数	α_0	28.892***	0.005	常数	α_0	9.526	0.339
R^2		0.737		R^2		0.993		R^2		0.908	

从模型的系数估计值可以看出：（1）总规模经营户的成本要素投入的系数符号基本与理论预期一致，且 $\ln K$、$\ln L$ 都通过了显著性检验，在 $\ln S$ 与经营面积及各生产要素投入（R、K、L）的价格向量的交互项中，除 $\ln S\ln R$ 未通过显著性检验的，其余均通过显著性检验。（2）在对新型经营主体的异质性分析结果中可以看出，专业合作社与家庭农场间的回归结果还是存在着明显的差异，4 个与成本相关的变量里仅 $\ln R$ 的系数符号一致。对家庭农场来说，$\ln S$ 的系数值为负，这表明经营规模越大成本反而越小；$\ln L$ 的系数值为负，$\ln K$ 的系数值为正，表明扩大经营面积会提高固定资本投入，但不会带

来雇佣劳动力成本的上升，这是因为家庭农场更依赖自身家庭的劳动力；控制变量里只有经营者年龄（age）在 1% 水平上通过显著性检验并且系数符号为正，表明家庭农场依赖经营者积累的种植经验以实现节本增收。对专业合作社来说，$\ln K$、$\ln L$ 都通过了显著性检验，其中，$\ln K$ 的系数为负，与 $\ln L$ 系数相反，控制变量中距离城区距离（distance）和家庭非农就业比例（rate）较为显著，这也表现出经营者的就业成本和兼业化程度对农地规模经营的重要作用。

8.4.2 规模经济效应测算与异质性分析

根据表 8 - 3 成本函数的估计结果，结合式（8 - 4）得到平度市规模经营户的成本弹性结果（见表 8 - 4），由此可以看出平度市的规模经营户整体上处于规模经济阶段，总规模经营户和专业合作社的成本弹性值为 0.49 和 0.63，这说明生产规模每扩大 1%，其生产总成本分别会增加 0.49% 和 0.63%，而家庭农场的成本弹性值为 - 0.017，说明生产规模每扩大 1%，生产成本反而会下降 0.017%。以上结果表明无论是哪种规模经营主体，理论上讲都具有扩大生产规模的激励，平度市的农地规模经营面积可以继续增加，且农地经营规模的扩张可以带来较高的经济收益，能获得规模报酬。

表 8 - 4　　　　　　　　　　各规模经营主体的成本弹性值

项目	总规模经营户	专业合作社	家庭农场
成本弹性值	0.49	0.63	- 0.017

根据成本函数估计结果和成本弹性测度结果，可以做出如下分析：

1. 总体分析

总规模经营户和专业合作社的 $\ln S$ 的系数为正，因为农地经营规模扩大，成本也会随之上升，而家庭农场 lnS 的系数符号为负，由于其处于规模经济阶段，随着经营规模的逐步扩大，要素投入如大型机械等将得到更加充分的利用，因而单位面积成本会呈逐渐下降的趋势。

2. 异质性比较分析

（1）在与成本有关的变量中，对于 lnSlnR 的系数符号而言，总的规模经营户的系数符号为正，专业合作社和家庭农场的系数符号均为负，对总的规模经营户来说，经营规模扩张，势必需要进行土地流转，大多数的土地流转均是在流转市场内发生，土地租金的上涨必然会带来边际成本的提高；而对于专业合作社和家庭农户来说，其扩张的经营面积一部分来自各合作社成员间或熟人的内部流转，其价格往往会略低于市场价格，另外合作社可以搭建农地流转交易平台，减少交易费用，有效降低流转双方的机会成本，从而带来农地要素成本的下降。因而土地租金成本上升与经营规模的扩张并不是同步的。（2）对于 lnSlnK 的系数符号而言，三个系数值均为负值，单位固定资本投入既体现了经营者的投资水平，也在一定程度上反映出固定资产的折旧速度，本文的固定资产投入主要包含直接材料费用（如种子、肥料、农药、地膜等）和其他直接费用（如机械作业费、灌溉费、水电费等），假定生产技术不变，单位直接材料费用成本与灌溉费水电费也不会改变，那么扩大经营规模分摊到单位面积内的固定资产折旧费是降低的，这与规模经济理论是相符的，并且总的规模经营户 lnSlnK 也通过了显著性检验。（3）对于 lnSlnL 的系数值来说，总的规模经营户与家庭农场的系数值为正且显著，表明劳动力成本上升与经营规模扩张同步，而专业合作社的系数值为负，这说明使用农机替代劳动力将会是农地大规模经营的发展方向，当越来越多的劳动力流入非农就业部门，降低农业生产对人力的依赖，发展农业机械化生产，对成本节支、发展规模经济将会做出显著贡献。（4）对于控制变量的系数符号而言，经营者年龄（age）、经营者受教育程度（edu）的三个系数符号均一致，这说明具有丰富种植经验和良好文化素质的经营主体是一项重要的人力资本存量，对降低生产成本、发展规模经营的正效应能够带来显著贡献。

8.5 本章小结

本章以平度市为例，通过构建成本函数模型估算成本弹性值，从微观角度出发，基于理论和实证两个方面对平度市农地流转后的规模经营能否实现规模经济效应进行了分析。主要研究结论有以下两个方面。

（1）从理论层面来说，规模经济一般表现为大规模生产具有优越性，但并不是说规模越大越好，随着经营规模的变化，农户的效益依次表现为递增、不变、递减的状态。当土地规模报酬处于递增或者不变的条件时，称为土地规模经济。规模经济表明农地规模经营需要有一个适度的规模。在一定时期只要做到了土地资源的充分利用，在生产资源的投放量上做到适度，土地的规模报酬递增或者不变，而不是递减的，即生产弹性大于或等于 1，农户扩大生产规模会带来土地报酬的递增，那么就可以认为此时农户实现了规模经济，反之若生产弹性小于 1，农户扩大生产规模带来的是土地规模报酬递减，此时的生产经营处于规模不经济的阶段。

（2）从实证结果来看，根据调研样本数据和理论分析内容，对规模经营户实际经营的成本弹性进行测算，实证结果表明，农地转入后形成的规模经营主体，其成本弹性小于 1，因此推进农地流转，培育新型农业经营主体可以有效促进农地规模经营，节约生产成本进而实现规模效益。

第 9 章

研究结论与政策建议

9.1　主要研究结论

9.1.1　"三权分置"制度通过优化产权结构有效促进土地规模经营

"三权分置"制度是在坚持土地集体所有权不变的基础上，将承包经营权中具有交换价值和使用价值的权能分离出来形成土地经营权，是土地产权的进一步细分，也是我国现行土地产权制度改革创新的核心切入点。从产权效率的视角，始于 20 世纪 80 年代的家庭联产承包责任制，实现了"两权分离"并释放出巨大的制度优势，并解决了"两权合一"（"两权合一"是指人民公社时期的土地所有权和经营权）背景下土地利用的长期低效率及食物短缺的难题。从土地功能让渡视角，"三权分置"制度不但缓解了农地"谁来种，如何种"的问题，而且一定程度上抑制了农地撂荒弃耕及人地资源配置效率低下的问题。因此，为了优化农村土地配置问题，实现农业规模经营，农地"三权分置"通过改革土地产权结构，对承包经营权进一步细分来实现土地经营权的有效流动。总而言之，"三权分置"制度通过产权细分促进了农村土地资本化运作，而农地资本化通过专业化、产业化、一体化的生产经营模式，对土地资源的重新配置，从而形成了新的农业聚合规模。

9.1.2　农村土地规模经营发展历程与农地制度变迁密切相关

从宏观层面来看，基于国家官方统计数据的描述统计，我国农地规模经营的历史进程与农地制度变迁紧密相关。大致可以归纳为四个阶段的产权特征，分别为：农地"私有私用""私有公用""公有公用"和"公有私用"。从农地规模经营户的数量和构成来看，规模经营户主要分布在东部地区和西部地区，其次是中部地区，最后是东北地区。从微观层面来看，基于山东省平度市的调研数据和中国土地经济调查数据可知，平度市的经营规模在（50，200]亩样本户占比最多，而中国土地经济调查的数据小规模农户（0，50]亩样本量最多，占比为 73.71%，其次为（50，200]亩的规模经营户，占比为 18.14%。通过对比分析，两个调研区域规模经营户的种植结构，均以粮食种植为主，这也与所选调研区域均分布在粮食主产区有关。

9.1.3　"三权分置"制度对农户土地规模经营行为的影响较为显著

从理论层面上，农地"三权分置"制度为缓解农户的劳动力、技术及资金约束提供了制度保障，从而促进土地规模经营。实证层面上，基于对山东省平度市农户土地规模经营的调研数据，研究结果显示，农户土地规模经营决策受个体特征、家庭特征、风险预期和政策认知的多元影响。具体来看，农户对土地规模经营过程中的风险预期是主要决定因素。个体特征和家庭特征也是土地流转过程中影响农户规模经营意愿的重要因素。农户受经济理性的影响，经济收益仍然是影响农户土地规模经营的重要因素。个体特征中兼业化水平和家庭特征中的家庭年收入和家庭承包耕地面积（亩）是影响土地规模经营行为的显著因素。兼业化水平越高，农户获得的其他收入就越高，越容易转出农地，家庭农场和专业大户就会倾向于转入农地。家庭承包耕地面积（亩）多的农户，由于兼业化水平较高，导致从事农业的农户较少，家庭承包耕地面积越大农户的压力越大，因而更倾向于转出农地，家庭农场和专业大户就越容易转入土地。本村是否进行过土地调整、家庭成员中有无参加社会保障的人员以及土地流转是否有政府补贴和土地流转意愿呈现负向影响，这些也是农户切身关注的问题，关乎农户参与的积极性和满意度。

9.1.4 产权细分有利于农户获得规模经营的收入效应

"三权分置" 制度的创新之处在于将土地经营权放活并推向市场，有利于进行农地的资本化运作，其核心在于实现土地的规模经营。产权细分促进了农村土地资本化运作，而农地资本化通过专业化、产业化、一体化的生产经营模式，对土地资源的重新配置，从而形成了新的农业聚合规模，释放规模经营效应，对增加农民收入有一定的助益。基于山东省平度市农户层面的调研数据，本书利用倾向得分匹配法（PSM）对收入效应进行验证，一方面，考虑到农村规模经营形式具有区域差异性，不同省市经济发展水平及土地经营规模不同，本书选取典型区域展开调研与实证研究，调研样本数量势必有限。另一方面，将样本户分为处理组和对照组进行匹配，将农地规模经营作为影响农户收入效应其他要素中的独立出来进行考量，并分别对租出户和规模经营户的收入效应进行比较分析，实证结果表明，农户土地规模经营对提升自身收入福利经济水平比较显著，而土地规模经营户的年龄、受教育程度、租入土地的地理位置、农业科学技术以及农业补贴等要素都是影响土地规模经营户的关键变量。因此，从宏观角度来看，国家推行土地规模经营需要综合考量人和地的合理配置，选择合理的适度规模经营模式，才能充分发挥土地资产的增值效应。另外，规模经营户年龄、受教育程度、租入土地的地理位置、农业科学技术以及农业补贴等要素都是影响土地规模经营户租入土地的关键变量。

9.1.5 土地经营规模与产出率之间存在非线性关系

农地经营规模与农业生产效率的关系问题一直是农业经济学与发展经济学的热点问题，研究农户农地经营规模与土地生产率的关系，为目前实施粮食安全战略、推进农业供给侧结构性改革的我国农业提供了理论支撑，具有重大现实意义。借助中国土地经济调查（CLES）数据库微观农户数据，本研究多角度分析了农户农地经营规模与土地生产率的关系。并得出以下结论：第一，人多地少是我国的基本农情，农业生产的"过密化"决定了小农经营存在的合理性；人口压力是我国的基本国情，这决定了小农经营存在的长期性。第二，虽然小农生产有其合理性，但这并不代表要继续维持现有的细碎化经营模式。从实证结果来看，无论是小农户还是规模经营户，适度扩大经营面积都能提高单位面积产出。从异质性农户模型的结果可以看出，小农户经营规模与土地生产率间表现出稳健的倒"U"型关系，即扩大经营规模能够提高农业生产效率。小农户总经营规模的生产效率虽然高于规模经营户，但过小的经营规模下的高产出是小农户精耕细作的结果，扩大小农户经营规模从长远角度看能带来农业生产效率的提升，而对于规模经营户来说，不能一味追求大规模的大农场式的经营方式，农业经营规模要适度推进。第三，在粮食安全战略的现实背景下，对异质性农户三大主粮进行分类回归。结果表明，首先，不管是哪类粮食作物，总农户与异质性农户的粮食作物经营规模与土地生产率之间都表现为稳健的倒"U"型关系，这说明扩大经营规模有利于粮食增产。其次，在其他变量一定的条件下，农户粮食作物种植面积每扩大1倍，玉米单产的增幅最大，稻谷次之，小麦增幅最小。此外，小农户粮食作物的生产率与规模户相差不大，这说明在粮食生产中小农户并非就一定低效，护住"粮袋子"、保证粮食安全不能忽视普通小农户的积极作用。

9.1.6 土地规模经营存在一定的规模经济空间

土地规模经济效应一直是农业经济学的经典研究话题之一。农地规模经营能否取得良好的经济效益，扩大农地经营规模能否实现农地生产的规模经济效应？从理论层面来说，规模经济一般表现为大规模生产具有优越性，但并不是说规模越大越好，随着经营规模的变化，农户的效益依次表现为递增、不变、递减的状态。当土地规模报酬处于递增或者不变的条件时，称为土地规模经济。规模经济表明农地规模经营需要有一个适度的规模。在一定时期只要做到了土地资源的充分利用，在生产资源的投放量上做到适度，土地的规模报酬递增或者不变，而不是递减的，即生产弹性大于或等于1，农户扩大生产规模会带来土地报酬的递增，那么就可以认为此时农户实现了规模经济，反之若生产弹性小于1，农户扩大生产规模带来的是土地规模报酬递减，此时的生产经营处于规模不经济的阶段。从实证结果来说，根据调研样本数据和理论分析内容，对规模经营户实际经营的成本弹性进行测算，实证结果表明，农地转入后形成的规模经营主体，其成本弹性小于1，因此推进农地流转，培育新型农业经营主体可以有效促进农地规模经营，节约生产成本进而实现规模效益。

9.2 主要政策建议

9.2.1 扶持专业合作社的发展，打造以小规模家庭农场为主体的专业合作社

小规模农户长期存在且仍具有高效产出是我国的基本现实，而小农户经营分散、规模小导致单个小农议价能力弱，只能成为市场既定价格的被动接受者，在要素与产品交易竞争中处于弱势地位。发展以小规模家庭农场为主体的专业合作社从农产品生产—加工—销售各个环节提供服务，为小规模农户提供产销纵向一体化服务，延伸产业链条。既能充分发挥小农户农业生产的比较优势，又可以有效降低小农户生产交易风险，同时还可以凸显农民专业合作社的组织优势，让小农户也能获得更加公平的市场收益，激发其农业生产的积极性，实现节本增效。因此，政府要积极鼓励农民专业合作社等合作组织的发展，推进小规模家庭农场的联合发展经营。

9.2.2 健全农业社会化服务体系，做好技术服务和生产服务嵌入工作

小农户土地生产率优势更多依靠的是精耕细作的生产模式与经营者的生产经验，其生产能力难以抵御规模增加后的未知风险。因而健全社会化服务体系，强化对小农户产前产后的社会化服务与产中的技术服务，将降低小农户的风险预期，激发小农户扩大生产的热情。目前相比于新型农业经营主体，小农户更容易被政策制定者忽略。在产前要素市场、产中技术服务、产后产

品市场，规模户都拥有更加优惠的发展环境和政策倾斜，小农户受关注度不高，极易成为农业规模化发展中的边缘群体。因此，在农业政策的制定和实施过程中，政府应当充分考虑到农户生产行为的异质性，对不同类型的农户给予不同的农业补贴与财政支持，让小农户也能享受到更多的服务扶持与技术支撑，将财政补贴以股份形式分配至专业合作社，让异质性农户都参与到产业利益分配中来。同时，培育农业技术推广中心，为异质性农户提供基础性、公益性的技术服务和社会化服务，从而提高农户的生产能力。

9.2.3　提升新型经营主体素质，提供差异化培训

单个农户家庭是我国农业生产体系中最小同时也是数量最多的生产单位。实现农业生产现代化必须实现农户生产的现代化，因而不能忽视提升小农人力资本，提高农户生产素质的重要性。而农地经营主体多元、作物品种多样，异质性的生产主体与多样化的种植结构对生产技术的需求也具有一定的差异性。因此在实际生产中，无论是政府为实现规模经营提供的指导措施还是合作组织提供的生产技术培训都要"因类制宜"，根据具体的经营情况提供多样化的培训，帮助农户使用新的生产技术手段面对复杂多变的耕作环境，增强其经营能力。另外，着重培育有能力懂技术的"职业农民"，土地经营者的受教育程度、农业技术的掌握程度决定了其经营管理土地的能力，也能降低对土地盲目投资而引发的风险损失。加强对经营主体的科学技术培训，激励高素质人才投身到农业生产过程中，全方面提升当地经营者的综合素质，培养新型职业农民。提升当地社会化服务建设水平以解决规模经营主体生产技术水平低、管理经验缺失的问题。

9.2.4　完善农地流转机制，推进适度规模经营

保障地权稳定性能有效提高农户生产经营预期，通过影响其生产要素配

比以及长期投资、使用新生产技术等途径影响到土地生产率。因此需要进一步完善农村土地流转机制、加快农村土地流转市场的制度建设从而保障农地使用权的稳定性。同时在推进农地流转集中经营过程中需要坚持适度原则，不能一刀切，也不能过度扩大经营规模，应在农地最优经营区间内考虑地区生产要素禀赋差异以及农户生产能力与响应程度异质化的基础上逐步推进。

9.2.5 生产领域的土地规模经营户的农业补贴要有倾向性

对生产领域的土地规模经营户的农业补贴要有倾向性，补贴标准不能单纯地以土地经营规模设定，还需要考察其盈利能力等因素，防止"重补贴，轻经营"现象发生。在实际调研中，通过对多个家庭农场、专业合作社的座谈发现，部分土地规模经营户盈利大小与农业补贴有关，存在依靠政府补贴来维持生产的现象。也就是多数主体将农业补贴内化为增收的部分，而忽略了自身经营的投入产出比。

9.2.6 引入市场机制，创立土地产权交易平台，多措并举推进农地规模化有序发展

健全土地交易相应的监管制度及风险防控体系。一方面，为农户提供更多土地交易信息，减少土地交易成本，弱化政府行政配置土地的作用。另一方面，引入市场机制可以合理配置土地价格，防止土地过度资本化。近年来，部分地区由于土地租金过快上涨，而导致实际地租远超过农业生产所承担的合理水平，继而对农业生产和农民增收产生消极影响。需要说明的是，受限于调研数据的获得，本书还存在有效样本偏少，尤其是租出户和租入户样本偏少的问题，这是在日后研究中需要改进的地方。因此，后续研究将拓展样本区域，使其覆盖不同经济发展水平的地区，基于更大规模的样本数据来开展研究。

参考文献

[1] 陈丹，任远，戴严科. 农地流转对农村劳动力乡城迁移意愿的影响 [J]. 中国农村经济，2017（7）：56-71.

[2] 陈飞，翟伟娟. 农户行为视角下农地流转诱因及其福利效应研究 [J]. 经济研究，2015，50（10）：163-177.

[3] 陈海磊，史清华，顾海英. 农户土地流转是有效率的吗?：以山西为例 [J]. 中国农村经济，2014（7）：61-71，96.

[4] 陈甲，徐静文，张红霄. 规模补贴政策效应：不同类型承租方的行为逻辑与效率比较 [J]. 农业经济与管理，2021（5）：71-82.

[5] 陈杰，苏群. 土地流转、土地生产率与规模经营 [J]. 农业技术经济，2017（1）：28-36.

[6] 陈鹏程，班洪赟，田旭. 中国农业生产地区专业化现状及演变规律 [J]. 农林经济管理学报，2019（1）：54-62.

[7] 陈义媛. 土地托管的实践与组织困境：对农业社会化服务体系构建的思考 [J]. 南京农业大学学报（社会科学版），2017（6）：120-130，165-166.

[8] 陈园园，安详生，凌日萍. 土地流转对农民生产效率的影响分析：

以晋西北地区为例 [J]. 干旱区资源与环境, 2015 (3): 45 - 49.

[9] 程蔡昉, 李周. 我国农业中规模经济的存在和利用 [J]. 当代经济科学, 1990 (2): 25 - 34.

[10] 程建, 朱道林, 胡博文, 等. 不同程度土地资本化对经济增长的影响 [J]. 中国土地科学, 2019, 33 (12): 18 - 26.

[11] 程建, 朱道林, 张晖, 等. 土地资本化视角下的中国经济动态效率问题研究 [J]. 中国土地科学, 2020, 34 (3): 31 - 38.

[12] 程建, 朱道林, 赵江萌, 等. 中国土地资本化问题研究综述 [J]. 资源科学, 2022, 44 (2): 221 - 231.

[13] 道格拉斯·C. 诺思. 制度、制度变迁与经济绩效 [M]. 杭行, 译. 上海: 格致出版社, 上海三联书店, 上海人民出版社, 2008.

[14] 邓汉超, 苏昕. 农地制度约束与我国家庭农场的长期经营路径 [J]. 农村经济, 2022 (7): 18 - 27.

[15] 杜鑫, 张贵友. 土地流转对农村居民收入分配的影响: 基于 2020 年 10 省份农户调查数据的实证分析 [J]. 中国农村经济, 2022 (5): 107 - 126.

[16] 段禄峰, 吴倩, 魏明. "三权分置" 背景下农业土地适度规模经营的多维解析 [J]. 农业经济, 2021 (11): 6 - 8.

[17] 丰雷, 郑文博, 张明辉. 中国农地制度变迁 70 年: 中央—地方—个体的互动与共演 [J]. 管理世界, 2019, 35 (9): 30 - 48.

[18] 冯艳芬, 董玉祥, 刘毅华, 等. 基于农户调查的大城市农民工农地流转意愿的影响因素研究: 以广州市番禺区 467 户调查为例 [J]. 资源科学, 2010, 32 (7): 1379 - 1386.

[19] 盖庆恩, 程名望, 朱喜, 等. 土地流转能够影响农地资源配置效率吗?: 来自农村固定观察点的证据 [J]. 经济学 (季刊), 2020 (5): 321 - 340.

[20] 高帆. 中国农地"三权分置"的形成逻辑与实施政策 [J]. 经济学家, 2018 (4): 86 - 95.

[21] 高富平. 农地"三权分置"改革的法理解析及制度意义 [J]. 社会科学辑刊, 2016 (5): 73 - 78.

[22] 高海. 论"三权分置"与集体土地所有权的坚持 [J]. 中国农村观察, 2019 (3): 39 - 51.

[23] 葛扬. 马克思土地资本化理论的现代分析 [J]. 南京社会科学, 2007 (3): 1 - 5.

[24] 耿宁, 尚旭东. 产权细分、功能让渡与农村土地资本化创新: 基于土地"三权分置"视角 [J]. 东岳论丛, 2018, 39 (9): 158 - 166, 192.

[25] 耿宁, 尚旭东. 农村土地资本化有助于提升农户的福利水平吗?: 基于 PSM 模型的实证研究 [J]. 当代经济管理, 2021, 43 (10): 40 - 48.

[26] 郭亮, 刘洋. 农业商品化与家庭农场的功能定位: 兼与不同新型农业经营主体的比较 [J]. 西北农林科技大学学报 (社会科学版), 2015 (4): 87 - 91, 128.

[27] 郭小琳, 郑淋议, 施冠明, 等. 农地流转、要素配置与农户生产效率变化 [J]. 中国土地科学, 2021 (12): 54 - 63.

[28] 郭阳, 徐志刚. 耕地流转市场发育、资源禀赋与农地规模经营发展 [J]. 中国农村经济, 2021 (6): 60 - 75.

[29] 郭忠兴, 罗志文. 农地产权演进: 完整化、完全化与个人化 [J]. 中国人口·资源与环境, 2012, 22 (10): 123 - 130.

[30] 韩德军, 朱道林. 中国农村土地制度历史变迁的进化博弈论解释 [J]. 中国土地科学, 2013, 27 (7): 21 - 27.

[31] 韩高峰, 袁奇峰, 温天蓉. 农村宅基地: 从资源、资产到资本 [J]. 城市规划, 2019, 43 (11): 20 - 30.

[32] 何欣, 蒋涛, 郭良燕, 等. 中国农地流转市场的发展与农户流转

农地行为研究：基于 2013 - 2015 年 29 省的农户调查数据 [J]. 管理世界，2016（6）：79 - 89

[33] 何秀荣. 关于我国农业经营规模的思考 [J]. 农业经济问题，2016（9）：4 - 15.

[34] 洪名勇，何玉凤. 邻里效应及其对农地流转选择行为的影响机制研究：基于贵州省 540 户农户的调查 [J]. 农业技术经济，2020（9）：4 - 19.

[35] 侯玉龙，马琼，何丽娟. 新疆棉花生产要素成本收益及规模报酬变动趋势研究：基于 465 户农户问卷调查数据 [J]. 中国农业资源与区划，2021（11）：1 - 9.

[36] 胡初枝，黄贤金. 农户土地经营规模对农业生产绩效的影响分析：基于江苏省铜山县的分析 [J]. 农业技术经济，2007（6）：81 - 84.

[37] 胡雯，张锦华，陈昭玖. 小农户与大生产：农地规模与农业资本化：以农机作业服务为例 [J]. 农业技术经济，2019（6）：82 - 96.

[38] 黄健雄，郭泽喆. “三权分置”改革回顾、研究综述及立法展望：以农村集体土地权利体系的分层解构为视角 [J]. 农业经济问题，2020（5）：39 - 54.

[39] 黄天宇，李楠. 农户经营农场规模、租佃制度与农业生产率：基于历史视角的实证考察 [J]. 经济评论，2021（5）：102 - 117.

[40] 黄宗智. 改造传统农业 [M]. 北京：法律出版社，2010.

[41] 黄祖辉. “三权分置”与“长久不变”的政策协同逻辑与现实价值 [J]. 改革，2017（10）：123 - 126.

[42] 惠献波. 农户分化对农村土地经营权抵押贷款意愿的影响分析 [J]. 首都经济贸易大学学报，2014，16（1）：25 - 32.

[43] 惠献波. 农户土地承包经营权抵押贷款潜在需求及其影响因素研究：基于河南省四个试点县的实证分析 [J]. 农业经济问题，2013，34（2）：

9 – 15, 110.

[44] 纪月清, 顾天竹, 陈奕山, 等. 从地块层面看农业规模经营: 基于流转租金与地块规模关系的讨论 [J]. 管理世界, 2017 (7): 65 – 73.

[45] 冀县卿, 钱忠好. 中国农地产权制度改革 40 年: 变迁分析及其启示 [J]. 农业技术经济, 2019 (1): 17 – 24.

[46] 江永红, 程杨洋. 家庭负担是农地流转的约束吗 [J]. 农业技术经济, 2019 (4): 43 – 54.

[47] 柯炼, 黎翠梅, 汪小勤, 等. 土地流转政策对地区农民收入的影响研究: 来自湖南省的经验证据 [J]. 中国土地科学, 2019 (8): 53 – 62.

[48] 匡远配, 杨佳利. 农地流转的全要素生产率增长效应 [J]. 经济学家, 2019 (3): 102 – 112.

[49] 兰丁. 四川省粮地经营规模对粮食生产效率的影响研究 [D]. 成都: 四川师范大学, 2022.

[50] 黎翠梅, 柯炼. 农户分化与农地经营权资本化选择 [J]. 华南农业大学学报 (社会科学版), 2018, 17 (3): 10 – 19.

[51] 李长生, 刘西川. 土地流转的创业效应: 基于内生转换 Probit 模型的实证分析 [J]. 中国农村经济, 2020 (5): 96 – 112.

[52] 李超, 李韬. 土地经营权抵押响应对农户土地转出行为的影响: 来自宁夏回族自治区农地产权抵押试点区的证据 [J]. 农业技术经济, 2021 (3): 94 – 104.

[53] 李放, 赵光. 现阶段农村养老保险制度能有效提高农民农地流转意愿吗?: 来自江苏沭阳县 30 镇 49 村的初步证据 [J]. 南京农业大学学报 (社会科学版), 2012, 12 (4): 44 – 55.

[54] 李怀. 农村土地资本化的理论基础与实现路径 [J]. 新视野, 2015 (2): 94 – 97.

[55] 李明艳, 陈利根, 石晓平. 非农就业与农户土地利用行为实证分析: 配置效应、兼业效应与投资效应: 基于 2005 年江西省农户调研数据 [J]. 农业技术经济, 2010 (3): 41 - 51.

[56] 李宁, 陈利根, 孙佑海. 现代农业发展背景下如何使农地 "三权分置" 更有效: 基于产权结构细分的约束及其组织治理的研究 [J]. 农业经济问题, 2016, 37 (7): 11 - 26, 110.

[57] 李启宇, 张文秀. 城乡统筹背景下农户农地经营权流转意愿及其影响因素分析: 基于成渝地区 428 户农户的调查数据 [J]. 农业技术经济, 2010 (5): 47 - 54.

[58] 李庆海, 李锐, 王兆华. 农户土地租赁行为及其福利效果 [J]. 经济学 (季刊), 2012, 11 (1): 269 - 288.

[59] 李宪宝. 异质性农业经营主体技术采纳行为差异化研究 [J]. 华南农业大学学报 (社会科学版), 2017 (3): 87 - 94.

[60] 李晓阳, 许属琴. 经营规模、金融驱动与农业全要素生产率 [J]. 软科学, 2017 (8): 5 - 8.

[61] 李政通, 顾海英. 农地经营权定价与职业粮农的规模经营: 基于土地权利资本化视角的分析 [J]. 农业技术经济, 2022 (3): 4 - 20.

[62] 林乐芬, 沈一妮. 异质性农户对农地抵押贷款的响应意愿及影响因素: 基于东海试验区 2640 户农户的调查 [J]. 财经科学, 2015 (4): 34 - 48.

[63] 林文声, 王志刚, 王美阳. 农地确权、要素配置与农业生产效率: 基于中国劳动力动态调查的实证分析 [J]. 中国农村经济, 2018 (8): 64 - 82.

[64] 林毅夫. 小农与经济理性 [J]. 农村经济与社会, 1988 (3): 31 - 33.

[65] 刘长全, 王术坤, 李婷婷. 小农农业现代化背景下农户生产经营行为特征与差异 [J]. 经济与管理, 2022 (4): 1 - 8.

[66] 刘凤芹. 农业土地规模经营的条件与效果研究: 以东北农村为例 [J]. 管理世界, 2006 (9): 71-79, 171-172.

[67] 刘昊龙, 刘钰洲. 农地流转、合作经营与农业生产效率提升 [J]. 东岳论丛, 2022 (10): 125-134.

[68] 刘克春. 农户农地流转决策行为研究 [D]. 杭州: 浙江大学, 2006.

[69] 刘灵辉, 田茂林, 李明玉. 土地流转对家庭农场经济效益的影响研究: 基于四川、湖北、江苏、山东336户家庭农场的调研 [J]. 河北经贸大学学报, 2020 (5): 87-97.

[70] 刘虔. 农业竞争力提升视域下的中国小农户发展: 机理、效率与优化路径 [D]. 成都: 四川大学, 2021.

[71] 刘强. 中国水稻种植农户土地经营规模与绩效研究 [D]. 杭州: 浙江大学, 2017.

[72] 刘瑞峰, 梁飞, 王文超, 等. 农村土地流转差序格局形成及政策调整方向: 基于合约特征和属性的联合考察 [J]. 农业技术经济, 2018 (4): 27-43.

[73] 刘莎, 刘明. 家庭借贷、经营规模与农户土地经营意愿: 基于小农户、中农户和大农户分化视角 [J]. 长江流域资源与环境, 2021 (8): 1969-1981.

[74] 刘升. 宅基地的资本化运作及政治社会后果 [J]. 华南农业大学学报 (社会科学版), 2015, 14 (4): 29-36.

[75] 刘守英. 农村集体所有制与三权分离改革 [J]. 中国乡村发现, 2014 (3): 8-14.

[76] 刘守英. 农村土地制度改革: 从家庭联产承包责任制到三权分置 [J]. 经济研究, 2022, 57 (2): 18-26.

［77］刘涛，卓云霞，王洁晶．村庄环境、非农就业与农地流转：基于全国百村农户调查数据的分析［J］．地域研究与开发，2021（4）：141 – 146.

［78］刘同山，孔祥智．加入合作社能够提升家庭农场绩效吗？：基于全国 1505 个种植业家庭农场的计量分析［J］．学习与探索，2019（12）：98 – 106.

［79］刘同山．农地流转不畅对粮食产量有何影响？：以黄淮海农区小麦生产为例［J］．中国农村经济，2018（12）：103 – 116.

［80］楼栋，孔祥智．新型农业经营主体的多维发展形式和现实观照［J］．改革，2013（2）：65 – 77.

［81］芦千文，文洪星．农业服务户分化与小农户衔接现代农业的路径设计［J］．农林经济管理学报，2018（6）：650 – 659.

［82］栾健，韩一军．农地规模经营能否实现农业增效与农民增收的趋同？［J］．中国土地科学，2020（9）：58 – 66.

［83］罗必良．农地经营规模的效率决定［J］．中国农村观察，2000（5）：18 – 24，80.

［84］罗丹，李文明，陈洁．粮食生产经营的适度规模：产出与效益二维视角［J］．管理世界，2017（1）：78 – 88.

［85］罗明忠，刘恺．职业分化、政策评价及其优化：基于农户视角［J］．华中农业大学学报（社会科学版），2016（5）：10 – 19，143.

［86］罗舒雙．农村土地资本化趋势及管理要点［J］，中国土地，2011（6）：55 – 56.

［87］罗锡文，廖娟，胡炼，等．提高农业机械化水平促进农业可持续发展［J］．农业工程学报，2016（1）：1 – 11.

［88］骆永民，骆熙，汪卢俊．农村基础设施、工农业劳动生产率差距与非农就业［J］．管理世界，2020（12）：91 – 121.

［89］马克思．资本论：第三卷［M］．北京：人民出版社，1975.

[90] 马贤磊，仇童伟，钱忠好. 农地流转中的政府作用：裁判员抑或运动员：基于苏、鄂、桂、黑四省（区）农户农地流转满意度的实证分析 [J]. 经济学家，2016（11）：83 - 89.

[91] 冒佩华，徐骥，贺小丹，等. 农地经营权流转与农民劳动生产率提高：理论与实证 [J]. 经济研究，2015（11）：161 - 176.

[92] 倪国华，蔡昉. 农户究竟需要多大的农地经营规模?：农地经营规模决策图谱研究 [J]. 经济研究，2015（3）：159 - 171.

[93] 年猛. 农业生产率进步、部门扩张与结构变迁 [J]. 宏观经济研究，2022（4）：130 - 144.

[94] 潘璐. 村集体为基础的农业组织化：小农户与现代农业有机衔接的一种路径 [J]. 中国农村经济，2021（1）：112 - 124.

[95] 裴厦，谢高地，章予舒. 农地流转中的农民意愿和政府角色：以重庆市江北区统筹城乡改革和发展试验区为例 [J]. 中国人口·资源与环境，2011，21（6）：55 - 60.

[96] 彭长生，王全忠，钟钰. 农地流转率差异的演变及驱动因素研究：基于劳动力流动的视角 [J]. 农业技术经济，2019（3）：49 - 62.

[97] 彭群. 国内外农业规模经济理论研究述评 [J]. 中国农村观察，1999（1）：41 - 45.

[98] 平乔维奇. 产权经济学 [M]. 北京：经济科学出版社，1999.

[99] 戚渊，李瑶瑶，朱道林. 农地资本化视角下的耕地非粮化研究 [J]. 中国土地科学，2021，35（8）：47 - 56.

[100] 钱龙，洪名勇. 非农就业、土地流转与农业生产效率变化：基于 CFPS 的实证分析 [J]. 中国农村经济，2016（12）：2 - 16.

[101] 钱忠好，冀县卿. 中国农地流转现状及其政策改进：基于江苏、广西、湖北、黑龙江四省（区）调查数据的分析 [J]. 管理世界，2016（2）：71 - 81.

［102］钱忠好，李友艺. 家庭农场的效率及其决定：基于上海松江 943 户家庭农场 2017 年数据的实证研究 ［J］. 管理世界，2020 (4)：168 - 181，219.

［103］钱忠好. 非农就业是否必然导致农地流转：基于家庭内部分工的理论分析及其对中国农户兼业化的解释 ［J］. 中国农村经济，2008 (10)：13 - 21.

［104］钱忠好. 中国农村土地制度变迁和创新研究 ［M］. 北京：中国农业出版社，1999.

［105］秦立建，张妮妮，蒋中一. 土地细碎化、劳动力转移与中国农户粮食生产：基于安徽省的调查 ［J］. 农业技术经济，2011 (11)：16 - 23.

［106］仇焕广，刘乐，李登旺，等. 经营规模、地权稳定性与土地生产率：基于全国 4 省地块层面调查数据的实证分析 ［J］. 中国农村经济，2017 (6)：30 - 43.

［107］仇焕广，苏柳方，张祎彤，等. 风险偏好、风险感知与农户保护性耕作技术采纳 ［J］. 中国农村经济，2020 (7)：59 - 79.

［108］曲朦，赵凯. 不同土地转入情景下经营规模扩张对农户农业社会化服务投入行为的影响 ［J］. 中国土地科学，2021 (5)：37 - 45.

［109］权小虎. 试论新农村建设中的土地使权资本化 ［J］，生产力研究，2010 (8)：44 - 45.

［110］全炯振. 中国农业全要素生产率增长的实证分析：1978 ~ 2007 年：基于随机前沿分析 (SFA) 方法 ［J］. 中国农村经济，2009 (9)：36 - 47.

［111］全世文，胡历芳，曾寅初，等. 论中国农村土地的过度资本化 ［J］. 中国农村经济，2018 (7)：2 - 18.

［112］尚杰，刘爽，陈玺名. 小农户衔接生态农业产业链的偏好与异质性研究：基于选择实验法的实证分析 ［J］. 中国生态农业学报（中英文），

2021, 29 (12): 2126 - 2138.

[113] 尚旭东, 常倩, 王士权. 政府主导农地流转的价格机制及政策效应研究 [J]. 中国人口·资源与环境, 2016 (8): 116 - 124.

[114] 尚旭东, 朱守银. 家庭农场和专业农户大规模农地的"非家庭经营": 行为逻辑、经营成效与政策偏离 [J]. 中国农村经济, 2015 (12): 4 - 13, 30.

[115] 史常亮, 占鹏, 朱俊峰. 土地流转、要素配置与农业生产效率改进 [J]. 中国土地科学, 2020 (3): 49 - 57.

[116] 宋震宇, 黄强, 陈昭玖. 规模经营、分工深化与农业生产率: 基于江西省水稻种植户的经验证据 [J]. 湖南农业大学学报 (社会科学版), 2020 (3): 17 - 25.

[117] 孙宪忠. 推进农地三权分置经营模式的立法研究 [J]. 中国社会科学, 2016 (7): 145 - 163, 208 - 209.

[118] 孙彦, 殷晓莉, 李纾. 预期理论的提出、演进及危机 [J]. 应用心理学, 2007 (2): 168 - 173.

[119] 孙月蓉, 代晨. 中国农地资本化流转风险分析 [J]. 经济问题, 2015 (5): 107 - 110, 129.

[120] 唐轲, 王建英, 陈志钢. 农户耕地经营规模对粮食单产和生产成本的影响: 基于跨时期和地区的实证研究 [J]. 管理世界, 2017 (5): 79 - 91.

[121] 田传浩, 彭信添. 福利分配、市场发育与宅基地面积扩张 [J]. 农业经济问题, 2021 (4): 33 - 45.

[122] 佟光霁, 李伟峰. 新型农业经营主体生产效率比较研究: 以 4 省玉米种植经营主体为例 [J]. 东岳论丛, 2022 (4): 140 - 147.

[123] 汪中华, 尹妮. 农业技术进步偏向对粮食全要素生产率的影响 [J]. 农业现代化研究, 2022 (6): 1029 - 1041.

［124］王诚德．农地经营规模与经济发展：对中国农业发展基础构造的理论思索［J］．经济研究，1989（3）：47－53，46.

［125］王菲菲．农业生产性服务对粮食生产效率的影响［D］．北京：中国农业科学院，2021.

［126］王建英，陈志钢，黄祖辉，等．转型时期土地生产率与农户经营规模关系再考察［J］．管理世界，2015（9）：65－81.

［127］王嫚嫚，刘颖，陈实．规模报酬、产出利润与生产成本视角下的农业适度规模经营：基于江汉平原354个水稻种植户的研究［J］．农业技术经济，2017（4）：83－94.

［128］王士海，王秀丽．农村土地承包经营权确权强化了农户的禀赋效应吗？：基于山东省117个县（市、区）农户的实证研究［J］．农业经济问题，2018（5）：92－102.

［129］王亚辉，李秀彬，辛良杰，等．中国农地经营规模对农业劳动生产率的影响及其区域差异［J］．自然资源学报，2017（4）：539－552.

［130］王亚运，蔡银莺，李海燕．空间异质性下农地流转状况及影响因素：以武汉、荆门、黄冈为实证［J］．中国土地科学，2015（6）：18－25.

［131］王振华，郑文杰，张广胜．土地流转对种粮大户土地产出率影响的再讨论：兼论效率尺度下的土地经营权结构问题［J］．中国农业大学学报，2019（6）：229－234.

［132］王震，辛贤．土地跨村流转能否实现粮食生产率增长？：基于15省农户调查数据的实证分析［J］．中国农村观察，2022（2）：2－18.

［133］危薇，杜志雄．新时期家庭农场经营规模与土地生产率之间关系的研究［J］．农村经济，2019（3）：6－14.

［134］魏佳朔，宋洪远．农业劳动力老龄化影响了粮食全要素生产率吗？：基于农村固定观察点数据的分析验证［J］．南京农业大学学报（社会科学版），2022（4）：22－33.

[135] 翁贞林. 农户理论与应用研究进展与述评 [J]. 农业经济问题, 2008 (8): 93 - 100.

[136] 吴海霞, 郝含涛, 史恒通, 等. 农业机械化对小麦全要素生产率的影响及其空间溢出效应 [J]. 农业技术经济, 2022 (8): 50 - 68.

[137] 吴一恒, 徐砾, 马贤磊. 农地"三权分置"制度实施潜在风险与完善措施: 基于产权配置与产权公共域视角 [J]. 中国农村经济, 2018 (8): 46 - 63.

[138] 吴越, 韩仁哲. "三权分置"中农地资本化流转的双层权利置换模式构建: 以贵州省盘州市农地"三权分置"改革试点调研为例 [J]. 农村经济, 2018 (6): 1 - 5.

[139] 向超, 张新民. "三权分置"下农地流转权利体系化实现: 以"内在体系调适"与"外在体系重构"为进路 [J]. 农业经济问题, 2019 (9): 8 - 19.

[140] 肖鹏. 农村土地"三权分置"下的土地承包权初探 [J]. 中国农业大学学报 (社会科学版), 2017, 34 (1): 118 - 125.

[141] 肖卫东, 梁春梅. 农村土地"三权分置"的内涵、基本要义及权利关系 [J]. 中国农村经济, 2016 (11): 17 - 29.

[142] 解安. 发达省份欠发达地区土地流转及适度规模经营问题探讨 [J]. 农业经济问题, 2002 (4): 38 - 41.

[143] 徐勤航, 诸培新, 曲福田. 小农户组织化获取农业生产性服务: 演进逻辑与技术效率变化 [J]. 农村经济, 2022 (4): 107 - 117.

[144] 徐旭初, 吴彬. 合作社是小农户和现代农业发展有机衔接的理想载体吗? [J]. 中国农村经济, 2018 (11): 80 - 95.

[145] 许恒周, 郭玉燕, 石淑芹. 农民分化对农户农地流转意愿的影响分析: 基于结构方程模型的估计 [J]. 中国土地科学, 2012, 26 (8): 74 - 79.

[146] 许恒周, 郭忠兴, 郭玉燕. 农民职业分化、养老保障与农村土地流转: 基于南京市 372 份农户问卷调查的实证研究 [J]. 农业技术经济, 2011 (1): 80 – 85.

[147] 许庆, 杨青, 钱有飞. 合久必分, 分久必合: 新中国农地制度的一个分析框架 [J]. 农业经济问题, 2019 (1): 46 – 60.

[148] 许庆, 尹荣梁, 章辉. 规模经济、规模报酬与农业适度规模经营: 基于我国粮食生产的实证研究 [J]. 经济研究, 2011 (3): 59 – 71, 94.

[149] 鄢姣, 王锋, 袁威. 农地流转、适度规模经营与农业生产效率 [J]. 资源开发与市场, 2018 (7): 947 – 955.

[150] 杨高第, 张露. 农业生产性服务对农户耕地质量保护行为的影响: 来自江汉平原水稻主产区的证据 [J]. 自然资源学报, 2022 (7): 1848 – 1864.

[151] 杨青, 彭超, 许庆. 农业 "三项补贴" 改革促进了农户土地流转吗? [J]. 中国农村经济, 2022 (5): 89 – 106.

[152] 杨忍, 张菁, 徐茜, 等. 城乡融合视角下农村闲置建设用地拆旧复垦的资本化效应: 以广东省为例 [J]. 地理科学进展, 2021, 40 (1): 114 – 123.

[153] 杨一介. 论 "三权分置" 背景下的家庭承包经营制度 [J]. 中国农村观察, 2018 (5): 82 – 95.

[154] 杨元庆, 韩立达. 我国农村集体土地使用权资本化问题研究 [J]. 农村经济, 2008 (4): 75 – 77.

[155] 杨宗耀, 仇焕广, 纪月清. 土地流转背景下农户经营规模与土地生产率关系再审视: 来自固定粮农和地块的证据 [J]. 农业经济问题, 2020 (4): 37 – 48.

[156] 杨宗耀, 纪月清. 地块规模经营对农户农业结构调整的影响研究: 基于决策自由度和规模经济视角 [J]. 干旱区资源与环境, 2021 (11):

97 - 102.

[157] 叶明华, 朱俊生. 新型农业经营主体与传统小农户农业保险偏好异质性研究: 基于 9 个粮食主产省份的田野调查 [J]. 经济问题, 2018 (2): 91 - 97.

[158] 叶孙红, 齐振宏, 黄炜虹, 等. 经营规模、信息技术获取与农户生态生产行为: 对不同生产行为及农户类型的差异性分析 [J]. 中国农业大学学报, 2019 (3): 173 - 186.

[159] 叶子, 夏显力, 陈哲, 等. 农地确权、农地细碎化与农业生产效率 [J]. 干旱区资源与环境, 2021 (12): 30 - 36.

[160] 尹成杰. 三权分置: 农地制度的重大创新 [J]. 农业经济问题, 2017, 38 (9): 4 - 6.

[161] 于敏捷. 农户耕地面积与土地生产率关系 [D]. 南京: 南京农业大学, 2015.

[162] 张冲, 廖海亚. 规模化经营对粮食生产的影响研究: 基于空间计量模型的实证检验 [J]. 华中师范大学学报 (自然科学版), 2021 (3): 462 - 471.

[163] 张丁, 万蕾. 农户土地承包经营权流转的影响因素分析: 基于 2004 年的 15 省 (区) 调查 [J]. 中国农村经济, 2007 (2): 24 - 34.

[164] 张冬平, 黄祖辉. 农业现代化进程与农业科技关系透视 [J]. 中国农村经济, 2002 (11): 48 - 53.

[165] 张海鹏, 逄锦聚. 中国土地资本化的政治经济学分析 [J]. 政治经济学评论, 2016, 7 (6): 3 - 24.

[166] 张红宇. 农村土地 "三权分置" 政策解读 [J]. 领导科学论坛, 2017 (8): 29 - 40.

[167] 张红宇. 三权分离、多元经营与制度创新: 我国农地制度创新的一个基本框架与现实关注 [J]. 南方农业, 2014, 8 (2): 6 - 13.

[168] 张晖，张雨萌.农业补贴提高了粮食生产技术效率吗?:基于江苏省 552 户粮食生产型家庭农场数据的实证研究 [J].华中农业大学学报（社会科学版），2022（6）：58 –67.

[169] 张建，诸培新.不同农地流转模式对农业生产效率的影响分析：以江苏省四县为例 [J].资源科学，2017（4）：629 –640.

[170] 张乐，曹静.中国农业全要素生产率增长：配置效率变化的引入：基于随机前沿生产函数法的实证分析 [J].中国农村经济，2013（3）：4 –15.

[171] 张丽媛，万江红.农地连片的地块规模门槛分析：基于传统农区农户数据的考察 [J].农村经济，2021（10）：44 –52.

[172] 张先贵.社会转型期集体土地资本化模式选择之法理辨析 [J].中州学刊，2013（10）：59 –65.

[173] 张新光.中国小农制的变态与发展现代农业的背离 [J].兰州学刊，2008（7）：60 –63.

[174] 张忠明，钱文荣.农户土地经营规模与粮食生产效率关系实证研究 [J].中国土地科学，2010（8）：52 –58.

[175] 赵丙奇，周露琼，杨金忠，等.发达地区与欠发达地区土地流转方式比较及其影响因素分析：基于对浙江省绍兴市和安徽省淮北市的调查 [J].农业经济问题，2011（11）：60 –65.

[176] 赵翠萍，侯鹏，张良悦.三权分置下的农地资本化：条件、约束及对策 [J].中州学刊，2016（7）：38 –42.

[177] 赵丹丹，周宏，顾佳丽.农业生产集聚：能否促进耕地利用效率：基于面板门槛模型再检验 [J].农业技术经济，2022（3）：49 –60.

[178] 赵金龙，王丽萍，胡建.种粮家庭农场实现适度规模经营的土地困境分析 [J].农业经济，2021（7）：6 –8.

[179] 赵鲲，刘磊.关于完善农村土地承包经营制度发展农业适度规模

经营的认识与思考 [J]. 中国农村经济, 2016 (4): 12-16, 69.

[180] 郑旭媛, 林庆林, 周凌晨诺. 中国农业 "双规模" 经营方式创新、绩效及其外溢效应分析 [J]. 中国农村经济, 2022 (7): 103-123.

[181] 钟文晶, 罗必良. 禀赋效应、产权强度与农地流转抑制: 基于广东省的实证分析 [J]. 农业经济问题, 2013 (3): 6-16.

[182] 钟晓萍, 于晓华, 唐忠. 地权的阶级属性与农地 "三权分置": 一个制度演化的分析框架 [J]. 农业经济问题, 2020 (7): 47-57.

[183] 钟真, 胡珺祎, 曹世祥. 土地流转与社会化服务: "路线竞争" 还是 "相得益彰"?: 基于山东临沂 12 个村的案例分析 [J]. 中国农村经济, 2020 (10): 52-70.

[184] 周京奎, 王文波, 龚明远, 等. 农地流转、职业分层与减贫效应 [J]. 经济研究, 2020, 55 (6): 155-171.

[185] 周力, 沈坤荣. 中国农村土地制度改革的农户增收效应: 来自 "三权分置" 的经验证据 [J]. 经济研究, 2022, 57 (5): 141-157.

[186] 朱红根, 解春艳, 康兰媛. 新一轮农地确权: 福利效应、差异测度与影响因素 [J]. 农业经济问题, 2019 (10): 100-110.

[187] 朱建军, 郭霞, 常向阳. 农地流转对土地生产率影响的对比分析 [J]. 农业技术经济, 2011 (4): 78-84.

[188] 朱建军, 杨兴龙. 新一轮农地确权对农地流转数量与质量的影响研究: 基于中国农村家庭追踪调查 (CRHPS) 数据 [J]. 农业技术经济, 2019 (3): 63-74.

[189] 朱满德, 张梦瑶, 刘超. 农业机械化驱动了种植结构 "趋粮化" 吗 [J]. 世界农业, 2021 (2): 27-34, 44.

[190] 朱文珏. 农户的农地经营规模: 农地转入、要素配置及其约束 [D]. 广州: 华南农业大学, 2018.

[191] Ajzen I. From intentions to Actions: A Theory of Planned Behavior

[M]. Heidelberg: Springer, 1985.

[192] Barrett C B, Bellemare M F, Hou J Y. Reconsidering Conventional Explanations of the Inverse Productivity-Size Relationship [J]. World Development, 2009, 38 (1): 88 −97.

[193] Barrett C B. On Price Risk and the Inverse Farm Size-Productivity Relationship [J]. Journal of Development Economics, 1996, 51 (2): 193 −215.

[194] Benjamin D, Brandt L. Property Rights, Labour Markets, and Efficiency in a Transition Economy: The Case of Rural China [J]. The Canadian Journal of Economics / Revue canadienne d'Economique, 2002, 35 (4): 689 −716.

[195] Carletto C, Savastano S, Zezza A. Fact or Artefact: The Impact of Measurement Errors on the Farm Size-Productivity Relationship [J]. Journal of Development Economics. 2013, 103 (1): 254 −261.

[196] Carter M R. Identification of the Inverse Relationship Between Farm Size and Productivity: An Empirical Analysis of Peasant Agricultural Production [J]. Oxford Economic Papers, 1984. 36 (1): 131 −145.

[197] Deininger K, Ali D A, Alemu T. Productivity Effects of Land Rental Market Operation in Ethiopia: Evidence from a Matched Tenant-landlord Sample [J]. Applied Economics, 2013, 45 (25): 3531 −3551.

[198] Deininger K, Jin S, Nagarajan H K. Efficiency and Equity Impacts of Rural Land Rental Restrictions: Evidence from India [J]. European Economic Review, 2008, 52 (5): 892 −918.

[199] Eastwood R, Lipton M, Newell A. Chapter 65 Farm size. Handbook of Agricultural Economics. Elsevier B. V. 2010: 3323 −3397.

[200] Fan S, Chan-Kang C. Is Small Beautiful Farm Size, Productivity, and Poverty in Asian Agriculture [J]. Agricultural Economics, 2005, 32: 135 −146.

[201] Fleisher B M, Liu Y. Economies of Scale, Plot Size, Human Capital,

and Productivity in Chinese Agriculture [J]. Quarterly Review of Economics and Finance, 1992, 32 (3): 112 – 123.

[202] Jin S, Deininger K. Land Rental Markets in the Process of Rural Structural Transformation: Productivity and Equity Impacts from China [J]. Journal of Comparative Economics, 2009, 37 (4): 629 – 646.

[203] Kagin J, Taylor J E, Yúnez-Naude A. Inverse Productivity or Inverse Efficiency? Evidence from Mexico [J]. Journal of Development Studies, 2015, 52 (3): 1 – 16.

[204] Lapiere R T. Attitudes vs Actiona [J]. Social Forces, 1934, 13 (2): 230 – 237.

[205] Li X, Huo X. Agricultural Labor Markets and the Inverse Plot Size-Productivity Relationship: Evidence from China's Apple Growers [J]. Review of Development Economics, 2022, 26 (4).

[206] Mundlak Y. Economic Growth: Lessons from Two Centuries of American [J]. Agriculture. Journal of Economic Literature, 2005, 43: 989 – 1024.

[207] Qiu T, He Q, Choy S T B, et al.. The Impact of Land Renting-in on Farm Productivity: Evidence from Maize Production in China [J]. China Agricultural Economic Review, 2021, 13 (1): 562 – 580.

[208] Rudra A, Sen A K. Farm Size and Labor Use: Analysis and Policy [J]. Economic & Political Weekly, 1980, 15 (5/7): 391, 393 – 394.

[209] Sam D, Dean J. Land Productivity and Plot Size: Is Measurement Error Driving the Inverse Relationship? [J]. Journal of Development Economics, 2018, 130 (1): 84 – 98.

[210] Sen A K. An aspect of Indian Agriculture [J]. Economic Weekly, 1962, 14: 243 – 246.

[211] Sheng Y, Ding J P, Huang J K. The Relationship between Farm Size

and Productivity in Agriculture: Evidence from Maize Production in Northern China [J]. American Journal of Agricultural Economics, 2019, 101 (1): 1 – 17.

[212] Wong H L, Wang Y, Luo R, et al. Local Governance and the Quality of Local Infrastructure: Evidence from Village Road Projects in Rural China [J]. Journal of Public Economics, 2017, 152 (8): 119 – 132.

[213] Wu Y Y, Xi X C., Tang X, et al. Policy Distortions, Farm Size, and the Overuse of Agricultural Chemicals in China [J]. Proceedings of the National Academy of Sciences, 2018, 115 (27): 7010 – 7015.

[214] Xia X, Xin X, Ma L. What are the Determinants of Large-Scale Farming in China? [J]. China & World Economy, 2017, 25 (4): 93 – 108.

[215] Ye J, Zhao Y. Rural Land Capitalization and Peasants' Income Growth [J]. SHS Web of Conferences, 2014, 6.

农村土地流转与土地政策调查问卷（农户）

您好！我们来自山东师范大学，正研究农地流转与农民非农就业相关课题。请根据您的实际情况填写这份问卷，我们保证调查不会对您产生任何不利影响。衷心感谢您的合作与支持！

第一部分　家庭成员基本情况

1. 您家现在一共有几口人？＿＿＿＿＿　其中：劳动力数量（年龄 16～60 岁）＿＿＿＿＿人；非农就业人口数＿＿＿＿＿人

2. 您与户主的关系是＿＿＿＿＿　①户主　②父母　③配偶　④子女　⑤兄弟姐妹　⑥儿媳　⑦其他亲属

3. 您的性别？＿＿＿＿＿①男　②女

4. 您的年龄？＿＿＿＿＿周岁

5. 您的学历？＿＿＿＿＿①小学及以下　②初中　③中专/高中　④大专　⑤本科及以上

6. 您的户口？_____①农业 ②非农业 ③没有户口

7. 您务农的程度_____①只务农 ②务农为主，农闲打工 ③打工或经商为主，农闲是帮忙 ④完全不务农

8. 你家人是否有人当村干部、政府公务员？①是 ②否

9. 你是否加入了合作社？①是 ②否

10. 您全年家庭收入合计_____元。其中：农业经营收入_____元；非农收入_____元

11. 您家庭收入的主要来源：_____①种地收入 ②打工收入 ③财产性收入（股票、房租收入） ④转移性收入（政府补贴等） ⑤其他收入

12. 您家庭承包耕地面积_____亩。其中：粮食_____亩，园地_____亩，林地_____亩，大棚种植_____亩，水塘养殖_____亩，其他_____亩，请说明_____

13. 您的家庭成员中有无参加社会保障的人员？_____①有 ②没有，如果有，请继续回答下面问题：

保障种类	保障人数	保障标准	保障期限	交费金额（元）	享受的收入或报销（元）
A. 低收入保障					
B. 新型农村合作医疗					
C. 养老保险（农村养老保险）					
D. 养老保险（城市养老保险）					
E. 商业保险					
F. 其他					

调查城区：_____ 调查地点：_____ 调查时间：_____ 问卷编号：_____

14. 您是否接受过专门的培训？_____①是 ②否

（1）若是，接受的培训有（多选）_____①育种或栽培技术 ②土肥培育技术 ③疫病防治技术 ④地膜覆盖技术 ⑤农机驾驶操作技术

⑥养殖技术　⑦农产品加工技术　⑧"三品一标"及农产品质量安全知识培训　⑨经营管理知识　⑩其他（请说明）_____

（2）若是，接受培训的主要途径是（多选）_____①政府部门组织的培训　②农技人员上门指导　③参加村级、合作社等组织技术人员现场指导　④化肥、农机等农资生产企业或经销商的指导　⑤高校科研院所的培训　⑥其他方式（请说明）

第二部分　土地流转情况

1. 您家的土地流转是土地转入还是转出？_____①转入　②转出　③没有发生

2. 土地流转情况：_____①全部流转　②部分流转　③没有流转

3. 土地流转面积（亩）_____

4. 流转前种植的农作物品种是_____，流转后种植的农作物品种是_____

5. 土地流转期限是_____年

6. 土地流转方式是_____①转包　②出租　③互换　④转让　⑤入股　⑥托管　⑦其他（请说明）_____

7. 土地流转对象是_____①本村农民　②外村农民　③合作社　④家庭农场　⑤种粮大户　⑥农业企业　⑦其他（请说明）

8. 土地流转价格是：①_____元/亩，如果是用粮食支付流转费用，大约_____斤小麦/亩/年

9. 土地流转费用支付方式是_____①一年两次　②一年一次　③一次性付清　④其他（请说明）

10. 土地流转是否签订正式合同？①是　②否

11. 土地流转前双方是否认识？①是　②否

12. 土地流转前主动获取市场信息的渠道是_____　①村集体　②村民　③土地流转机构　④互联网

13. 是否有土地流转信息发布平台？①有　②无

14. 土地流转信息发布平台的等级是_____　①本乡（镇）土地流转信息平台　②本县（市）土地流转信息平台　③其他（请说明）

15. 土地跨村转出是否受到村集体的限制？①是　②否

16. 土地流转是否有政府补贴？①是　②否

如果有补贴，每年每亩补贴_____元

17. 您家是否得到过补贴？①是　②否　如果获得过补贴，补贴了_____元

18. 您进行土地流转的原因是_____（多选）①村集体、乡镇政府支持　②非农就业收入高　③国家农业政策利好，市场前景广阔，土地收益预期明确　④缺乏二、三产业就业渠道　⑤随大流、被干预　⑥其他，请说明_____

19. 您家是否雇佣劳动力？①是　②否　如果有，雇工____人，月工资为____元；雇工来自：①本村　②本县外村　③本县以外

20. 对于转入或转出的土地，是否有机械作业：①机耕　②机播　③机收机械作业费用为_____元

21. 您家每年生产要素投入费用分别为：种苗费为_____元/年；肥料费为_____元/年；农药费为_____元/年；农膜费（或大棚费）为_____元/年；灌溉费为_____元/年

22. 您认为土地流转后，您的家庭收入是否增加？①是　②否　比没流转前，每年增加多少钱？_____

第三部分　土地"三权分置"的认知情况

1. 您是否知道以下两部法律，是通过什么渠道知道的？

法律	是否知道这部法律___①是 ②否	通过什么渠道知道的
《农村土地承包法》		
《物权法》		

备注：渠道 ①村干部宣传 ②通过新闻媒介（电视、报纸、广播等） ③村民会议 ④外出培训学习 ⑤其他

2. "三权分置"政策（即土地所有权、承包权、经营权分离）出台前后，本村村民在土地经营权流转方面发生了哪些变化：_____①因促进产权明晰使村民土地经营权流转的积极性增加 ②村民土地经营权流转的积极性降低 ③没有什么变化

3. 您家是否有土地承包经营合同？_____①有 ②无

4. 您家是否有土地承包经营权证？_____①有 ②无

5. 您家是否有土地经营权证？_____①有 ②无

6. 您认为现在土地承包权和经营权可以分离吗？_____①可以 ②不可以

7. 您知道土地经营权可以抵押吗？_____①知道 ②不知道

8. 您的土地经营权是否进行过抵押贷款？_____①是 ②否

9. 经营权可以抵押，对您土地流转意愿有什么影响？_____①增强 ②减弱 ③不确定

10. 本村是否进行过土地调整？_____①是 ②否，如果是，调整的次数是_____次

11. 是否出现土地经营权流入方中途退出的现象？（单方毁约）_____①是 ②否，如果是，原因是____（可多选）①产品价格下跌导致出现亏损 ②缺少农业生产经验，盲目进入农业产业 ③经营不善导致亏损 ④政策调整收益下降 ⑤投资收益更高的项目 ⑥其他，请说明_____

12. 对促进农村土地经营权有序流转的建议（多选）：_____

①发挥村集体组织在土地流转中的作用　②大力培育农村土地流转的中介组织　③完善社会化服务保障机制　④对农地进行确权登记　⑤大力建设农业基础设施，促进农业规模化经营　⑥其他，请说明_____

13. 请根据您自己土地流转情况和理解在后面相应的同意程度处打"√"。

题目设置	影响很大	不太影响	不影响
土地的所有权、承包权、经营权分离，权利明晰对您土地流转的影响程度？			
土地经营权可以抵押，对您土地流转的影响程度？			
如果您的农村户口转变为城市户口，对您土地流转的影响程度？			
您认为当地政府在您的土地流转中产生多大的影响？			
您认为您所在乡镇（街道）的农业发展水平（种养技术、农业科技推广方面）会影响土地流转吗？			
您觉得当地存在的土地流转服务组织对您土地流转的影响程度？			
农业补贴如果直接补贴给土地流入方，对您流转土地的意愿的影响程度？			
如果政府统一建立养老保障，对您流转土地的影响程度？			

附录二

农村土地流转与土地政策调查问卷
（专业大户、家庭农场）

您好！我们来自山东师范大学，正研究农地流转与农民非农就业相关课题。请根据您的实际情况填写这份问卷，我们保证调查不会对您产生任何不利影响。衷心感谢您的合作与支持！

第一部分　基本情况

1. 您的性别？_____①男　②女

2. 您的年龄？_____周岁

3. 您的学历？_____①小学及以下　②初中　③中专/高中　④大专　⑤本科及以上

4. 您的户口？_____①农业　②非农业　③没有户口

5. 您家人是否有人当村干部、政府公务员？①是　②否

8. 您是否接受过专门的培训？_____①是　②否

（1）若是，接受的培训有（多选）_____①育种或栽培技术　②土肥培育技术　③疫病防治技术　④地膜覆盖技术　⑤农机驾驶操作技术　⑥养殖技术　⑦农产品加工技术　⑧"三品一标"及农产品质量安全知识培训　⑨经营管理知识　⑩其他（请说明）_____

（2）若是，接受培训的主要途径是（多选）_____①政府部门组织的培训　②农技人员上门指导　③参加村级、合作社等组织技术人员现场指导　④化肥、农机等农资生产企业或经销商的指导　⑤高校科研院所的培训　⑥其他方式（请说明）_____

9. 您的家庭成员中有无参加社会保障的人员？_____①有　②没有，参加的社会保障类型是：_____①低收入保障　②新型农村合作医疗　③养老保险（农村养老保险）　④养老保险（城市养老保险）　⑤商业保险⑥其他，请说明_____

第二部分　承包土地情况

1. 您所经营土地的主体形式？_____①家庭农场　②专业大户　③专业合作社　④其他____您家是不是经过注册登记的家庭农场_____：①是②不是

如是，注册登记单位是_____：A. 工商部门，B. 农业部门，C. 其他部门（请注明）_____。

2. 您是流转土地的途径是_____（可多选）：
①转包　②出租　③互换　④转让　⑤入股　⑥托管　⑦其他（请说明）_____

3. 流转土地时需要中间人吗？①需要　②不需要
中间人是：①亲戚　②村干部　③专业合作社　④熟人　⑤其他

4. 流转土地有无担保人？①有　②没有

担保人是：①亲戚　②村干部　③专业合作社　④熟人　⑤其他

5. 流转土地租金怎么算？①不要钱　②现金　③粮食　④劳动力　⑤分红 如果是现金，一亩地多少钱？_____元/亩，如果是用粮食支付流转费用，大约_____斤小麦/亩/年

6. 土地流转是否签订正式合同？①是　②否

7. 您认为是否应该对土地流转给予直接财政补贴_____：①是　②不是 您家是否得到过补贴？①是　②否　如果获得过补贴，补贴了_____元

8. 您家流转土地主要采用的方式：①村干部鼓励大家流转　②通过市场流转　③自愿流转

9. 2016 年家庭纯收入_____万元，其中来自农业的占_____%，外出务工的占_____%，国家财政补贴的占_____%

10. 您家现在经营土地共____亩____块，其中自家承包地____亩____块，流转土地____亩____块。经营"四荒"地____亩____块。

11. 当前家庭土地流转和规模经营情况（填写近 4 次有土地转入的年份）

年份	经营耕地面积（亩）	当年流转面积（亩）	亩均转入价格（元）	当年流转期限为几年

12. 2016 年，您家临时性雇工人，日均工资_____元；长期性雇工人，月均工资_____元

13. 您家在土地流转中遇到的问题有（可多选）_____：①流转期限太短　②转入地块地力差　③流转价格太高　④流转纠纷增多　⑤想包地的太多　⑥愿转出的太少　⑦缺乏流转信息

14. 您认为近年来当地土地流转价格趋势是：①越来越高　②基本稳定 ③逐年下降。

若选"①越来越高"，您认为主要原因是（按重要程度依次选 3 项） _____：

A. 城镇化带动农地增值，B. 政府急于推进土地流转或给土地流转补贴，推动价格上涨，C. 高效农业租地价格高，农户攀比要价，D. 惠农政策多，农民对农地流转收益期望值过高，E. 农地经营效益好，F. 工商企业租地越来越多，推动价格上涨，G. 其他

15. 去年您家种植面积最大的一种作物是 _____：A. 小麦，B. 玉米，C. 稻米，D. 水果，E. 蔬菜，G. 其他

（1）近年该种粮食作物（或蔬菜瓜果）的种植面积、产量和收益情况：

项目（单位）	2016 年	2015 年	2014 年
面积（亩）			
亩产（公斤）			
亩产值（元）			

（2）该种粮食作物（或蔬菜瓜果）2016 年亩均生产成本（单位：元/亩）

地租	种子	化肥	农家肥	农膜	农药	生产用水电	雇（租）用机械	固定资产折旧及修理费	人工（包括雇工）	其他费用

16. 您家土地规模经营面临的主要问题（按重要程度依次选 3 项）

_____ :

A. 知识不足，技术跟不上，B. 购买农机投入大，C. 流转土地太分散，集中连片程度低，D. 管不过来，经营粗放，E. 土地租金太高，F. 雇工难费用高，G. 管理成本太高。

17. 您认为，一块集中连片的耕地达到多少亩时，最适合家庭经营和农机作业_____ : A. 10 ~ 30 亩，B. 30 ~ 50 亩，C. 50 ~ 100 亩，D. 100 ~ 200 亩，E. 200 ~ 300 亩，F. 300 亩以上。

18. 您家开展土地规模经营是否得到过政府支持或者奖励_____ : ①是 ②不是

若得到了政府支持，得到过哪些政府支持、奖励（可多选）

A. 购买农机优惠，B. 现金补贴，C. 贷款优惠，D. 生产资料和种子补贴，E. 技术服务，F. 仓储设施建设补贴，G. 基础设施建设补助，H. 其他（请列明）_____

第三部分 土地"三权分置"的认知情况

1. 您是否知道以下两部法律，是通过什么渠道知道的?

法律	是否知道这部法律_____①是 ②否	通过什么渠道知道的
《农村土地承包法》		
《物权法》		

备注：渠道 ①村干部宣传 ②通过新闻媒介（电视、报纸、广播等） ③村民会议 ④外出培训学习 ⑤其他

2. "三权分置"政策（即土地所有权、承包权、经营权分离）出台前后，本村村民在土地经营权流转方面发生了哪些变化：_____

①因促进产权明晰使村民土地经营权流转的积极性增加 ②村民土地经

营权流转的积极性降低 ③没有什么变化

3. 您家是否有土地承包经营合同？ _____①有 ②无

4. 您家是否有土地承包经营权证？ _____①有 ②无

5. 您家是否有土地经营权证？ _____①有 ②无

6. 您认为现在土地承包权和经营权可以分离吗？ _____①可以 ②不可以

7. 您知道土地经营权可以抵押吗？ _____①知道 ②不知道

8. 您的土地经营权是否进行过抵押贷款？ _____①是 ②否

9. 经营权可以抵押，对您土地流转意愿有什么影响？ _____①增强②减弱 ③不确定

10. 本村是否进行过土地调整？ _____①是 ②否，如果是，调整的次数是_____次

11. 是否出现土地经营权流入方中途退出的现象？（单方毁约） _____①是 ②否，如果是，原因是_____ （可多选）

①产品价格下跌导致出现亏损 ②缺少农业生产经验，盲目进入农业产业 ③经营不善导致亏损 ④政策调整收益下降 ⑤投资收益更高的项目⑥其他，请说明_____

12. 对促进农村土地经营权有序流转的建议（多选）： _____

①发挥村集体组织在土地流转中的作用 ②大力培育农村土地流转的中介组织 ③完善社会化服务保障机制 ④对农地进行确权登记 ⑤大力建设农业基础设施，促进农业规模化经营 ⑥其他，请说明_____

13. 请根据您自己对土地流转情况的理解在后面相应的同意程度处打"√"。

题目设置	影响很大	不太影响	不影响
土地的所有权、承包权、经营权分离，权利明晰对您土地流转的影响程度？			

题目设置	影响很大	不太影响	不影响
土地经营权可以抵押,对您土地流转的影响程度?			
如果您的农村户口转变为城市户口,对您土地流转的影响程度?			
您认为当地政府在您的土地流转中产生多大的影响?			
您认为您所在乡镇(街道)的农业发展水平(种养技术、农业科技推广方面)会影响土地流转吗?			
您觉得当地存在的土地流转服务组织对您土地流转的影响程度?			
农业补贴如果直接补贴给土地流入方,对您流转土地的意愿的影响程度?			
如果政府统一建立养老保障,对您流转土地的影响程度?			

农村土地经营情况与土地政策
调查问卷（农户－非流转户）

您好！我们来自山东师范大学，正研究农地流转与农民非农就业相关课题。请根据您的实际情况填写这份问卷，我们保证调查不会对您产生任何不利影响。衷心感谢您的合作与支持！

第一部分　家庭成员基本情况

1. 您家现在一共有几口人？_____。其中：劳动力数量（年龄 16～60 岁）_____人；非农就业人口数_____人

2. 您与户主的关系是_____①户主　②父母　③配偶　④子女　⑤兄弟姐妹　⑥儿媳　⑦其他亲属

3. 您的性别？_____①男　②女

4. 您的年龄？_____周岁

5. 您的学历？_____①小学及以下　②初中　③中专/高中　④大专　⑤本科及以上

6. 您的户口？_____①农业　②非农业　③没有户口

7. 您务农的程度_____①只务农　②务农为主，农闲打工　③打工或经商为主，农闲是帮忙　④完全不务农

8. 你家人是否有人当村干部、政府公务员？①是　②否

9. 你是否加入了合作社？①是　②否

10. 您家到镇上的距离？_____公里；您家到平度市区的距离？_____公里

11. 您全年家庭收入合计_____元

其中：农业经营收入_____元；非农收入_____元

12. 您家庭收入的主要来源：_____①种地收入　②打工收入　③财产性收入（股票、房租收入）　④转移性收入（政府补贴等）　⑤其他收入

13. 您家庭承包耕地面积_____亩

其中：粮食_____亩，园地_____亩，林地_____亩，大棚种植_____亩，水塘养殖_____亩，其他_____亩，请说明_____

14. 您的家庭成员中有无参加社会保障的人员？_____①有　②没有，如果有，请继续回答下面问题。

保障种类	保障人数	保障标准	保障期限	交费金额（元）	享受的收入或报销（元）
A. 低收入保障					
B. 新型农村合作医疗					
C. 养老保险（农村养老保险）					
D. 养老保险（城市养老保险）					
E. 商业保险					
F. 其他					

15. 您是否接受过专门的培训？_____①是　②否

（1）若是，接受的培训有（多选）_____①育种或栽培技术　②土肥

培育技术　③疫病防治技术　④地膜覆盖技术　⑤农机驾驶操作技术　⑥养殖技术　⑦农产品加工技术　⑧"三品一标"及农产品质量安全知识培训⑨经营管理知识　⑩其他（请说明）＿＿＿＿＿＿

（2）若是，接受培训的主要途径是（多选）＿＿＿＿＿＿①政府部门组织的培训　②农技人员上门指导　③参加村级、合作社等组织技术人员现场指导④化肥、农机等农资生产企业或经销商的指导　⑤高校科研院所的培训　⑥其他方式（请说明）

第二部分　土地经营情况

1. 您家土地经营是否有政府补贴？①是　②否　如果有补贴，每年每亩补贴＿＿＿＿＿元

2. 您家是否得到过其他补贴（如农机补贴，农资综合补贴等）？①是②否　如果获得过补贴，补贴了＿＿＿＿＿元

3. 您家是否雇佣劳动力？①是　②否　如果有，雇工＿＿＿＿＿人，月工资为＿＿＿＿＿元；雇工来自：①本村　②本县外村　③本县以外

4. 您家每年生产要素投入费用分别为：种苗费为＿＿＿＿＿元/年；肥料费为＿＿＿＿＿元/年；农药费为＿＿＿＿＿元/年；农膜费（或大棚费）为＿＿＿＿＿元/年；灌溉费为＿＿＿＿＿元/年；其他费用＿＿＿＿＿元/年

5. 您知道农村土地"三权分置"政策吗？＿＿＿＿＿①知道　②不知道

6. 您家是否有土地承包经营合同？＿＿＿＿＿①有　②无

7. 您家是否有土地承包经营权证？＿＿＿＿＿①有　②无

8. 您家是否有土地经营权证？＿＿＿＿＿①有　②无

9. 您认为现在土地承包权和经营权可以分离吗？＿＿＿＿＿①可以　②不可以

10. 您知道土地经营权可以抵押吗？＿＿＿＿＿①知道　②不知道

11. 您的土地经营权是否进行过抵押贷款？＿＿＿＿＿　①是　②否

12. 本村是否进行过土地调整？＿＿＿＿＿①是　②否，如果是，调整的次数是＿＿＿＿＿次

13. 您为什么不想把自己的土地流转出去？

①没有其他收入，只能靠种地　②自己种地，可以保障家里的口粮供给③土地是自己的命根子，不想流转出去　④没有流转的途径，不知道怎么流转　⑤其他原因＿＿＿＿＿＿